アメリカの戦争責任

戦後最大のタブーに挑む

竹田恒泰
Takeda Tsuneyasu

PHP新書

本書は日米友好の書です。
将来の日本人とアメリカ人が
本物の関係を築くために
必要なことを書きました。

アメリカの戦争責任——戦後最大のタブーに挑む　目次

第二章　原爆投下を正当化するアメリカの教科書

第三章 「無条件降伏」論が早期の終戦を妨げた

第四章 トルーマンの手中にあった四つの選択肢

第五章 なぜポツダム宣言から「天皇条項」は削除されたか

第六章 原爆投下前の対日参戦をもくろんだソ連

第七章 原爆でもソ連参戦でもなかった降伏の真相

第八章 アメリカの行為は疑いなく戦争犯罪である

序章

占領下、アメリカ大統領を「戦犯」と呼んだ男

「第一級の戦犯はトルーマンだよ」

大日本帝国陸軍に「戦争の天才」といわれて、世界から恐れられた軍人がいた。彼は昭和六年（一九三一）に起きた満州事変の首謀者で、柳条湖事件を自作自演で起こした人物として知られている。その名は石原莞爾《いしわらかんじ》。歴史上の評価は分かれるが、彼が戦争にずば抜けて長《た》けていたことだけは間違いない。

「戦争の天才」といわれたのは、指揮する日本の関東軍たった一万程度の兵で、近代装備を持つ二二万の張学良軍を、僅か三カ月という短期間のうちに制圧し、日本の約三・五倍の広さがある満州全土を占領したからである。このことは世界中をあっと驚かせ、石原は一躍、時の人となった。当時、世界の有力な政治家や軍人で、石原を知らない者はいなかった。

近現代戦争で三倍の兵力差があったら、小さいほうが健闘するのは無理といわれている。にもかかわらず、この男は二〇倍以上も大きい軍を相手に立ち回り、勝利を収めてしまった。

ところが石原は、昭和十二年（一九三七）に盧溝橋《ろこうきょう》事件が起きると、支那事変の拡大をめざす東条英機と衝突した。この政争に敗れて失脚した石原は、惜しまれながら軍人を引退することになる。その石原が再び世界の注目を集めることになったのは、昭和二十一年（一九四六）、占領下で行なわれた東京裁判でのことだった。

当初、戦争犯罪人リストに載っていた石原だったが、結局、リストから外され、東京裁判では証人として尋問を受けることになった。膀胱癌を患い東京飯田橋の逓信《ていしん》病院に入院中だった石原は、東京裁判初日の五月三日から、アメリカの検事から病室での尋問を受けた。その二日目のやり取りは、とても占領下で公式に発言されたものとは思えない刺激的なものだった。

冒頭で石原は、「もし、陛下が自分に参謀総長を命じたならば、日本はアメリカに絶対に負けなかった。その時は、君は敗戦国だから、我々の膝下にも及びつかないのだ」と言い放ち、検事を唖然とさせた。

参謀総長というのは、陸軍の作戦を立案する機関の最高責任者で、当時、内閣総理大臣と同じく、天皇の任命によってその職に就くことになっていた。

東条英機が戦争下手だったことは有名だが、石原は「戦争の天才」としてその名が世界に轟《とどろ》いている。もし石原があの戦争を仕切っていたら、どうなったであろうか。石原のことを知る者なら、この問いかけに接し、日米の立場が逆転していた光景を思い描いたであろう。

そして尋問が始まり、いくらかやり取りをしたあとで、検事が「今度の戦犯のなかで、一体誰が第一級と思うか」と問うと、石原は「それはトルーマンだよ」と自信満々に答え、また検事を唖然とさせた。

検事がその理由を問うと、石原は「わからないのか？」と挑発的な言葉を発して、一枚のビラを枕元から取り出して見せ、アメリカのトルーマン大統領が戦犯である理由を滔々《とうとう》と述べはじめた。

「米国大統領就任式に臨み〝日本国民に告ぐ〟とある。ルーズベルトが死んだ直後だから五月ごろのビラだ。このビラはアメリカ軍が飛行機から落としたものだ。この一帯はB－29で焼け野原になっていた。こう書いてある。『もし、日本国民が銃後において軍と共に戦争に協力するならば、老人、子供、婦女子を問わず、全部爆撃する、だから平和を念願して反戦態勢の機運を作れ』と。トルーマン大統領名で書かれている。これは何だ。国際法では、非戦闘員は爆撃するなと規定があるにもかかわらず、非戦闘員を何十万人も殺したではないか。国際法違反である。このビラがそうだ。立派

歩兵第４連隊長時代の石原莞爾
（写真提供：毎日新聞社／時事通信フォト）

な証拠である」

検事が「あれは脅しだ」と言うと、石原は間髪を入れずに、次のように畳みかけた。「そうではない。このビラのとおりに実行したではないか。東京では家はもちろん、犬コロまでB－29で、軍需工場でもないところまで非戦闘員を爆撃したではないか。広島と長崎には原爆を落とした、これは一体どうしたことだね。世界の道義に訴えて世論を喚起すべき性質のものであろう。トルーマンの行為は第一級の戦犯だ。一国の元首である大統領ともあろう者が、こんなビラを出したのは蛮行である」。

もし石原莞爾が戦争をしたとすれば

そして、昭和二十二年（一九四七）五月一日から二日にかけて、山形県の酒田市で、東京裁判酒田特別法廷が開かれた。東京裁判は石原を証人として出廷させ、主に満州事変に関することを尋問するつもりだったが、石原の病状が悪化し、東京に出ることができない状況だったため、結局、法廷が東北まで出張することになった。東京裁判を出張させたのは石原だけである。

特別法廷の一日目の尋問で、検事が、満州事変につき関東軍の装備は劣弱だったというが、奉天を衝くだけの武力を備えていたのかと問うた。これに対して石原は、「死中活を求める以外の作戦は不可能でありました」と述べ、兵力が増強されなかったため、最善を尽くして努力したと説明したあと、次のように発言すると、法廷は凍りつき、動揺が走った。

「もとより戦争の勝敗は予測されませんが、訓練よく団結よく、作戦よろしければ、必ずしも兵数の劣弱を恐れるものではありません。例えば今次太平洋戦争において、日本の戦力はアメリカに対して非常に劣弱でありましたけれども、作戦よろしきを得れば、必ずしも敗北するものではなかった、と私は信じております」

時は昭和二十二年(一九四七)、日本は連合国の占領下にあり、日米間ではいまだ講和条約も締結されていない状況にあった。停戦状態にある軍事法廷での発言としては、誰もが耳を疑うものだったであろう。先述のように昭和二十一年(一九四六)の尋問でも石原は似たようなことを言ったが、それは病室で少人数の前での発言だった。今回は、大勢の詰めかける法廷、しかも各国の記者が「戦争の天才」に注目するなかでの発言であり、意味合いが異なる。

「必ずしも敗北するものではなかった」という石原の発言は、それ以上法廷で追及されることはなかったが、外国の記者はこの点に興味を抱いた。特別法廷の一日目が終わった夜、U

P通信とAP通信の記者が石原の宿泊する酒田ホテルを訪問し、「ジェネラルだったら、どんな戦争をしたでしょうか」と問うた。石原の返答はこうだった。

「石原が戦争をやったのだったら、補給線を確保するために、ソロモン、ビスマーク、ニューギニアの諸島を早急に放棄し、資源地帯防衛に転じ、西はビルマの国境からシンガポール、スマトラ中心の防衛線を構築、中部は比島（フィリピン）の線に後退、他方本土周辺、およびサイパン、テニアン、グアムの内南洋諸島を一切難攻不落の要塞化し、何年でも頑張り得る態勢をとると共に、外交的には支那事変解決に努力傾注する。

特にサイパンの防備には万全を期し、この拠点は断じて確保する。日本が真にサイパンの防衛に万全を期していたなら、米軍の侵入は防ぐことができた。豊田副武《とよだそえむ》連合艦隊司令長官はこれを怠り、昼寝をしていた。米軍はサイパンを奪取できなければ、日本本土空襲は困難であった。それゆえサイパンを守り得たら、ボロボロなガタガタ飛行機でも、なんとか利用できて、レイテを守り当然五分五分の持久戦で、断じて負けてはいない。

蔣介石がその態度を明確にしたのはサイパンが陥落してからである。サイパンさえ守り得たなら、日本は東亜一丸となることができたであろう」

石原の話に聞き入っていた記者たちは、「たしかに、その作戦だったら日本は負けていなかっただろう」と、納得したという。

「いつか必ず通らなくてはならない道」を今あえて歩く

日本は昭和十八年(一九四三)九月に「絶対国防圏構想」を策定し、サイパン島を含むマリアナ諸島を絶対国防圏とした。しかし、日本軍は構想を策定しただけで、マリアナ諸島を死守するための有効な行動をとらなかった。石原の戦争理論は「集中と突破」であり、彼ならば広い太平洋で戦線を伸ばし切るような作戦を立てることはなかったであろう。

実際、昭和十七年(一九四二)の秋に、東条英機がガダルカナル島の戦いに敗北してからの戦い方について石原に意見を求めたところ、石原は戦線を一気に縮小すべきであると勧告した。しかし、東条首相はこの勧告に従わず、結局、昭和十九年(一九四四)にサイパンを失い、その責任をとって東条内閣は総辞職となる。

もしミッドウェー海戦に敗北し、米軍による反攻が始まった昭和十七年の時点で、石原が指摘したように、戦線を一気に縮小し、マリアナ諸島に強靭な要塞を築いていたらどうなったであろうか。アメリカの補給線が伸び切り、今度は太平洋の広さにアメリカが苦しんだだろうことが容易に想像できる。

そのようにしてマリアナ諸島を死守することができたなら、日本本土がB－29の航続距離に入ることはなかった。とすれば、東京をはじめとする日本中の都市が空爆に晒《さら》されることはなく、広島と長崎に原子爆弾が投下されることもなかったであろう。そうなっていたら、歴史はどう変わっていたであろうか。「戦争の天才」による説得力ある話に聞き入っていた外国の記者二名は、石原が戦争を指導しなかったことに安堵したと思われる。

このあと石原は、痛烈なマッカーサー批判を展開して、続けてアメリカ大統領批判を打った。アメリカによる日本の都市への空襲と、広島と長崎への原子爆弾の投下が、非戦闘員を殺す国際法違反であると述べたあと、次のように語っている。

「戦時中、日本の軍隊が多くの悪いことをしたことは否定しない。私は特に東亜諸民族に対しては、平身低頭、謝罪する。しかし、戦場の興奮によって、非戦闘員を侵害することは往々にしてあり得ることだ。むろん忌《い》むべき行為であるが、これらの偶発的な事件と、計画的な大虐殺とは根本的に違う。トルーマンの行為こそ、戦犯第一級中の第一級の行為である。

今日いかに戦勝国がこれを抗弁しようとも、公正な第三者と、後世の人類によって、歴史的な審判を受けることはまぬがれ得ない。一国の大統領ともあろう者が、かかる野蛮行為をあえてして、しかも少しも恥ずるところがない。我々は、このような者を相手にして戦ったことは、なんとも恥ずかしい」

石原の話は二時間半ほど続いた。自分の国の大統領がこれほどまでに痛烈に批判されても、記者たちにとっては納得のいく話が多かったようで、別れ際、UP通信の記者は「炎天に冷水を浴びたような気持ちです」と言い、丁寧に礼を述べたという。

石原は当時、誰もが恐れたGHQ（連合国軍最高司令官総司令部）にすら臆せず、思う存分のことを語った。だが、このような言論は、GHQによる厳しい検閲によって封印されてしまう。そして時が流れた。

今、公的な立場の人が石原同様の発言をしたら、たちまち日本中はおろか、世界中から批判を浴びて、直ちに失脚するであろう。しかし、先の大戦でアメリカがとった行動を検証することは、今後の日米関係をさらに発展させるうえで、いつか必ず通らなくてはいけない道であると私は思う。

本書は、その「いつか必ず通らなくてはいけない道」を今、あえて歩いてみようという試みをするものである。

第一章
日本における戦後最大のタブー

アメリカ批判が「違法」とされた占領時代

日本における戦後最大の禁忌《きんき》（タブー）といえば、先の大戦における「アメリカの戦争責任」ではなかろうか。特に、先の大戦でアメリカが、東京をはじめとする日本中の都市への無差別爆撃をしたことと、広島と長崎へ原子爆弾を投下したことについて、その正当性に疑問を投げかける議論がこれにあたる。

アメリカのなした無差別爆撃と原爆投下を「正当」と言い切るためには、これらは軍事的に必要な行為であって、人道的・道義的観点からも許容されるものであり、当時の戦時国際法にも適合していたことを示さなくてはならない。アメリカは大戦当時から、自らの行動を「正当」なものと宣言し、その考えは現在にまで継承されてきた。

はたして無差別爆撃と原爆投下は、本当に正しい行ないだったのか。このような問いかけは、日本でも、アメリカでも禁忌とされてきた。原爆投下直後にアメリカの報道機関が批判的に論じたことはあったが、それも冷戦時代に入って核兵器の重要性が認識されると、そのような批判的な論調は消えていった。日本でも、いわゆる「原爆裁判」で原爆投下の法的正当性が議論されたことはあった。しかしそれ以外に、日米で、先の大戦におけるアメリカの戦争責任が公式に議論されたことはほとんどなく、またテレビや新聞などの報道機関が、この問題を正面から扱ったことも、ほぼないに等しい。

その原因は明確である。アメリカの事情はのちに述べるとして、日本では、連合国に占領された時期に、GHQが厳しい情報統制を敷き、あらゆる媒体に対して、アメリカへの批判を禁止したことが現在にまで影響していると思われる。これは、GHQが実施したWGIP(War Guilt Information Program)という「戦争についての罪悪感を日本人の心に植えつけるための宣伝計画」の一環と考えられる。

最初に処分を受けたのは『朝日新聞』だった。昭和二十年(一九四五)九月十五日付で、原子爆弾の投下を批判する記事を掲載し、また十七日付で、日本軍を擁護する内容の記事を掲載したところ、GHQはこの二つの記事を問題視し、九月十八日に『朝日新聞』に対して二日間の業務停止命令を下した。

十五日付の記事は、のちに内閣総理大臣となる鳩山一郎が寄稿した記事で、そのなかでもっとも問題とされた箇所は次の一文である。

「〝正義は力なり〟を標榜する米国である以上、原子爆弾の使用や無辜《むこ》の国民殺傷が病院船攻撃や毒ガス使用以上の国際法違反、戦争犯罪であることを否むことは出来ぬであらう」

終戦から僅か一カ月後の占領下において、アメリカが原子爆弾を使用したことについて「国際法違反」「戦争犯罪」と断言する記事を掲載したこと自体、驚きに値する。しかし、この記事が発行禁止対象とされたことで、以降、日本のあらゆる媒体は、原爆投下批判をはじめ、アメリカ批判を控えるようになったのである。

『朝日新聞』が発行禁止処分となった翌日の九月十九日、GHQは「日本に与うる新聞遵則」(プレスコード)を発令した。これによりGHQは、あらゆる媒体を監視下に置き、報道内容に厳しい検閲を施すことになった。

プレスコードには「連合国軍に対し不信もしくは怨恨を招来するような事項を掲載してはいけない」という項目が含まれていた。また、GHQが検閲の基準として用いた「削除と発行禁止のカテゴリーに関する解説」という内部資料には、削除や発行禁止の対象となる項目として、「アメリカ合衆国への批判」を明記している。

つまり、GHQのもとでは、報道機関が東京大空襲や原爆投下を批判することは、法的に禁止されていたのである。無論、個人が個人の意見として言うことはできても、公人がこれについて言及すれば、たちまち袋叩きにされ、追放されたに違いない。

また、検閲基準「削除と発行禁止のカテゴリーに関する解説」は、アメリカ以外の連合国や、連合国一般への批判を禁止事項としたほか、GHQへの批判、東京裁判への批判、GHQが日本国憲法を起草したことに対する批判など、連合国への一切の批判も禁止事項とした。占領軍兵士と日本女性との交渉について言及することも禁止するという徹底ぶりである。

他方、日本については、戦争擁護・神国日本・軍国主義・ナショナリズム・大東亜共栄圏などを喧伝《けんでん》することや、戦争犯罪人の正当化および擁護など、日本を擁護する言論を禁止事項とした。

このような禁止事項を眺めると、GHQは日本人に次のような意識を植えつけようとしていたと想定することができる。すなわち「大戦を通じて日本中にもたらされた全ての惨事は、たとえそれが深刻であろうとも、邪悪な戦争をした日本が自ら招いたものであって、そこに何ら弁明の余地はない」ということである。その根底には、アメリカの行動は「正義」、日本の行動は「悪」という考えがあり、それに従えば、アメリカを批判し、あるいは日本を擁護する言論は、全て排除されなくてはならなかったのだ。

よって、広島と長崎に投下された原子爆弾について日本人が批判的に論じることは、惨事を引き起こした責任をアメリカに負わせようとする誤った考え方であるから、発行禁止処分の対象とされた。ＧＨＱの方針に従えば、原爆投下による犠牲の責任は、全て「日本」にならなくてはならなかったのである。

無差別爆撃と原爆投下への是非はいまだに問えない

一度できた「空気」は容易に変わるものではない。占領下、ＧＨＱによって作られた「空気」は、占領が解除されたあとも日本社会に残り続け、現在にまで至る。この見えない縛りは長い年月をかけて徐々に変化した部分もあり、今となっては報道機関がアメリカ批判をすることもできるようになったが、核心部分であるアメリカによる無差別爆撃と原爆投下については、その是非を問うことはいまだ禁忌のままである。

それどころか、無差別爆撃と原爆投下などはおろか、先の大戦における日本を擁護するいかなる議論も、長年禁忌とされてきた。平成二十五年（二〇一三）四月に安倍晋三首相が参議院予算委員会で「侵略の定義は学界的にも国際的にも定まっていない。国と国との関係でどちらから見るかで違う」と発言すると、国内で批判の声が上がっただけでなく、アジア各国をはじめアメリカや欧州などからも猛烈な批判を受けた。安倍首相は日本を擁護する発言はしていないが、「侵略の定義は定まっていない」と述べただけで「植民地支配と侵略」について謝罪した村山富市首相談話を否定し、戦後の国際秩序に挑戦する発言と受け止められたのである。

しかし、侵略の定義が学問的にも国際的にも定まっていないという主張は、事実であり正しい。戦後、国際連合などの国際機関が侵略を定義しようと議論を重ねてきたが、いまだにその定義を定めるには至っていないのである。

もし同様のことをアメリカ大統領や中国の国家主席が発言したとしても、何のニュースにもならず、批判する者はいなかったであろう。しかし、その事実を述べることは、日本の首相だけには決して許されることではないようだ。つまり、日本は忌々《いまいま》しい侵略戦争を行なった主体なのだから、その日本の首相が「侵略の定義は定まっていない」と発言することは、すなわち「侵略戦争を肯定する」ことを意味し、危険な思想として糾弾の対象となる。ひどい議論の飛躍であるが、それだけ強い敗戦アレルギーが依然として存在していることがわかる。

このように、終戦七十年を迎えても、あの戦争についてアメリカを批判し、あるいは日本を肯定、もしくは擁護する論調は禁忌として、日本社会のみならず、国際社会に根強く残っている。いや、「雨降って地固まる」というように、決して動かしてはいけないものとして、より強固に固定されたといってもよいであろう。

そして、GHQが施した言論統制は、長期間にわたって日本の言論に大きな影響を及ぼしてきた。しかし、原子爆弾の投下が、真に正義の行動であったと信じるなら、そのありのままの情報が発信されても不都合はないはずであって、批判的な言論をGHQが法令で制限する必要はなかったはずである。ではなぜ、GHQは原子爆弾についての言論を神経質なまでに制限したのであろうか。

もちろん、原子爆弾に関する情報はアメリカの安全保障に直接関わる機密情報であって、この情報を統制することは、唯一の核保有国の地位を保つために必要な措置であった。ところが安全保障に直接関わらない、原子爆弾の悲惨さを訴え、またはその非人道性や違法性などを示唆する批判的な言論までもが、徹底的に排除されたのである。

そこには、もう一つ別の理由があったと思われる。それは、原子爆弾で焼かれた広島・長崎の悲惨な光景が、これまで正義を語り、正義を体現してきたアメリカの国家像と矛盾するものだったからではなかったか。

アメリカは正義の戦争を遂行して、邪悪で野蛮な軍国主義国・日本を降伏に追い込んだという大義名分がある。アメリカとしては、原爆投下の非人道性について指摘されることは、その大義名分に矛盾することであるから、絶対に避けなければいけなかった。まして「人道性」の欠片《かけら》もない日本に、原爆使用の「非人道性」で糾弾されるほど、アメリカにとって不名誉なことはない。もし原爆投下が非人道的と評価されたら、日本人は「被害者」になり、アメリカ人は「加害者」になってしまう。それは、アメリカの戦争の大義が否定されることを意味する。

何十万人もの民間人を殺害した以上、それを「正義」と言い切るなら、それなりの仕組みが必要だったはずである。少なくとも原子爆弾について、日本人に自由な言論を認めることが、アメリカにとって不都合だったことは間違いない。そこで、先に示したような検閲基準を設け、アメリカ批判の言論と、日本擁護の言論を排除しようとしたのではないか。

このような言論統制は、連合国が日本を占領統治した六年八カ月のあいだ続いた。「生まれた赤ちゃんが小学校に上がるまで」と表現したら、それがいかに長いか想像できるであろう。この間、東京大空襲や原爆投下などを批判することが、禁忌となって固定されてしまったのである。

「イスラム国」を非難したオバマ大統領への違和感

平成二十七年（二〇一五）二月三日、イスラム過激組織「イスラム国（ＩＳ）」（自称）が、捕虜として捕らえていたヨルダン軍パイロットのモアズ・カサスベ中尉を生きたまま焼き殺す動画を公表し、世界を震撼させた。

その動画は、見る者にトラウマを植えつけるほど衝撃的なものだった。覆面をつけた兵士が松明《たいまつ》を地面に近づけると、灯油のような液体に火が燃え移り、その炎は地を這うように、カサスベ中尉と見られる人物が閉じ込められた檻《おり》に向かっていった。その人物はあっという間に火達磨《だるま》になって、もがき苦しみながら絶命するまでの様子が克明に記録されていた。しかも、巨大な重機が瓦礫《がれき》を被《かぶ》せ、中尉を檻ごと生き埋めにする場面で映像は締め括られていた。

この蛮行に対し、世界中から非難の声が上がった。「イスラム国とその憎むべき思想を歴史の彼方に葬り去る」との声明を発したのは、アメリカのオバマ大統領だった。

しかし、この映像を見た私は、ＩＳのあまりに非人道的な行為に戦慄を覚えたが、間もなく発せられたオバマ大統領の声明にえも言われぬ違和感を覚えた。なぜなら先の大戦で広島と長崎に原子爆弾を投下して三〇万人以上の民間人を焼き殺し、東京をはじめ、日本中の都市に空爆を敢行し、東京だけで一〇万人以上の民間人を殺《あや》めたアメリカに、ISを非難する資格があるかと疑問に思ったからだ。しかも、アメリカは大戦後も、ベトナム戦争で枯れ葉剤を撒き、イラク戦争で容赦なく劣化ウラン弾を使用するなど、人道上問題のある戦闘方法をとってきた。

「人間を生きたまま焼き殺す」という点においては、ISの蛮行とアメリカの原爆投下や東京大空襲は同じである。いや、カサスベ中尉は軍人だが、アメリカが原子爆弾と焼夷弾《しょういだん》で殺傷したのは日本の民間人だった。しかも、これまでにISは何十人もの外国人を処刑してきたが、米軍が殺害した日本の民間人は一〇〇万人と推計される。無論、平時と戦時の違いはあるが、たとえ戦時であろうとも、国際法は民間人の殺傷を禁止している。

だからといって、ISの蛮行を擁護するつもりは毛頭ない。とはいえ、大空襲と原子爆弾で多くの日本人が命を落としたことにつき、アメリカ側に責はまったくないのであろうか。

ところが、原爆投下の責任については、戦後の日本では「日本が悪い」→「原爆を投下されても仕方ない」という理屈で語られることはあっても、アメリカの行為自体の合法性や、責任について公に論じられることはなかった。

広島・長崎に投下された二つの原子爆弾は、約一四万人を即死させ、広島市は昭和四十五年（一九七〇）末までの死者を約一四万人、長崎市は昭和五十年（一九七五）までの死者を約七万人と、いずれも公式に国連に報告している。それ以降に原爆症で亡くなった犠牲者を数えたら、さらに倍以上の数に膨れ上がる。

これだけの大人数が死亡した責任はどこにあるのだろうか。日本が悪いことをしたのが原因だから、日本の責任なのか、それとも、国際法に違反する行為だから、アメリカの責任なのか。先述のとおり、この問題を日本の報道機関が正面から取り上げたことはなく、公人がアメリカの責任について言及することもなかったが、むしろ一般人は居酒屋などで盛んに論じてきたのである。

広島の慰霊碑の「過ち」とは誰の「過ち」か

原爆投下のアメリカの責任については、しばしば広島平和記念公園に設置されている原爆死没者慰霊碑に刻まれた文言をめぐっての論争がある。そこには「安らかに眠って下さいちは繰返しませぬから」と彫られている。「安らかに眠って下さい」ということから、この言葉は、原子爆弾の犠牲者の御霊《みたま》に語りかける言葉であることは明白であるが、「過ち」というのが誰の過ちなのか、つまり加害者は誰であるかが必ずしも明白ではなく、これが議論の対象となることがあった。

この慰霊碑は、昭和二十四年（一九四九）に成立した広島平和記念都市建設法の精神に則《のっと》り計画されたもので、広島市が建立したものである。したがって、アメリカに代位して広島市が、アメリカの「過ち」を「繰り返さない」と誓っているとは考えにくい。であれば碑文の文脈からして、また建立の経緯からして、その「過ち」とは「日本の過ち」と読む以外にないであろう。

つまり、日本が非道な侵略戦争を行なった結果、アメリカから懲罰を受けたのが原子爆弾の投下だったのであり、広島で民間人が大勢絶命したのは、もとを正せば日本の国家指導者たちの責任という意味になろう。被害者は広島市民、加害者は日本の国家指導者という構図になる。であれば、この碑文は、日本人が日本人に謝罪していることになろうか。それにしても、広島市が建立する慰霊碑で、広島市が東条英機をはじめとする開戦時の国家指導者たちに代位して、被害者に謝罪すると考えるのも無理があるのではないか。

一方で、実際に原子爆弾を投下したアメリカの責任は一体どうなるのか。百歩譲って日本が侵略戦争を行なってアメリカから懲罰を受ける必然性があったとしても、アメリカの責任については、しっかりと検証する必要があるはずだ。

この碑文は、被爆者である雑賀忠義《さいかただよし》・広島大学教授（当時）が撰文《せんぶん》・揮毫《きごう》したもので、浜井信三《はまいしんぞう》・広島市長が述べた「この碑の前にぬかずく一人一人が過失の責任の一端をにない、犠牲者にわび、再び過ちを繰返さぬように深く心に誓うことのみが、ただ一つの平和への道であり、犠牲者へのこよなき手向《たむ》けとなる」という考えを反映させたものとされる。

この考えに立てば、「過ち」を犯した者は「慰霊碑にぬかずく全ての人」となり、原爆投下は人類の犯した罪ということになるだろう。慰霊碑の除幕式直前の昭和二十七年（一九五二）八月二日の広島市議会で、浜井市長は「原爆慰霊碑文の『過ち』とは戦争という人類の破滅と文明の破壊を意味している」と答弁していることからも明らかである。

ところが、除幕式の四日後の八月十日、『中国新聞』に「碑文は原爆投下の責任を明確にしていない」「原爆を投下したのは米国であるから、過ちは繰返させませんからとすべきだ」との投書が掲載された。この投書を受けて様々な意見が提示されるようになったが、いまだに原爆投下を論じる時に、話題となる。

原子爆弾によって殺されたのが広島と長崎の市民であることは事実であるが、殺したのは米軍であることも動かすことのできない事実である。日本の戦争責任については今後もしっかりと検証を続けなくてはならず、何が誤りであったかを自らの手によって明らかにし、謝るべきところはしっかり謝り、謝るべきでないことについては誠心誠意をもって誤解を解いていく努力を重ねていかなくてはならない。そして他方では、アメリカの戦争責任についても、そろそろアメリカ人自身がその検証を始めるべき時が来ていると思う。

原爆死没者慰霊碑（広島平和記念公園）
（写真提供：時事通信フォト）

もし慰霊碑の「過ち」を「人類の過ち」とするのであれば、実際に原子爆弾を投下したアメリカがそれに同意しなければ意味をなさない。現にアメリカでは、「原爆投下は正義である」という見方が一貫して政府の公式見解になっている。であればなおさら、この慰霊碑は、アメリカ大統領がぬかずいてこそ初めて、意味をなすのではあるまいか。

正当性の根拠とされる「早期終戦・人命節約論」

広島に原子爆弾「リトルボーイ」を投下した米軍のB－29爆撃機「エノラ・ゲイ」の搭乗員一二名のうち、最後の生存者だったセオドア・バンカーク氏が、平成二十六年（二〇一四）七月二十八日、九十三歳で死去した。長崎に原子爆弾「ファットマン」を投下したB－29「ボックス・カー」の搭乗員は全員死去しているため、これで原子爆弾を投下した爆撃機の搭乗員はいなくなった。

同氏は平成十七年（二〇〇五）にAP通信に対し、「長い目で見れば、原子爆弾の使用が多くの人命を救ったと素直に信じている」と語る一方、「あの戦争は何も解決しなかった。核兵器は何も解決しなかった」「核爆弾なんてこの世になければよかったと思っている」「誰かが核爆弾を持つならば、その敵よりも一つだけ多くの核爆弾を持ちたい」とも述べている。平成二十四年（二〇一二）に出版された回顧録でも、原子爆弾の不必要性を強調しながらも「日米双方の犠牲者を最小限に食い止め、戦争を終結させた」と語っている。

広島・長崎に投下された二つの原子爆弾は、三〇万人もの日本人の命を奪った。これほどの犠牲者を出しておきながら、同氏が「原爆が人命を救った」と言うのは詭弁《きべん》であるだけでなく、原子爆弾は本質的に不要であるという同氏の主張と矛盾するものであり、他国が持つなら自国も持つべきというのは、さらに矛盾に矛盾を重ねるもので支離滅裂というほかない。しかし、同氏のこうした考え方は、現在のアメリカでは矛盾なく理解され、共有されていることを、日本人は知っておく必要があると思う。

広島に投下されたウラニウム型原爆「リトルボーイ」
（写真提供：時事通信社）

長崎に投下されたプルトニウム型原爆「ファットマン」
（写真提供：ＡＦＰ＝時事）

アメリカで共有されている、原子爆弾と核兵器に関する考え方を整理すると、次のようになる。①広島・長崎への原爆投下は、戦争を早期に終結させることに貢献したため、結果的に多くの生命を救った、②核兵器はできれば世界からなくなるほうがよい、③だが、他国が核兵器を持つならアメリカも持つべきである。

平成二十一年（二〇〇九）に米キニピアック大学が行なった世論調査によると、アメリカ人の約三分の二が、広島と長崎への原爆投下を「正しかった」と考えていて、「間違いだった」と回答したのは僅か二二％に過ぎなかった。バンカーク氏ら原子爆弾を投下した搭乗員たちは「英雄」とされている。

同氏の死去により、その言葉が報道されたが、私は搭乗員の言葉などどうでもよいと思っている。なぜなら彼はただの一兵卒であって、職務命令に従って行動したに過ぎないからだ。彼らに原爆投下を命じたのは、トルーマン大統領だった。

トルーマン大統領は、広島に原子爆弾を投下した昭和二十年（一九四五）八月六日に新聞を通じて、広島への原爆投下に関する大統領声明を発表し、長崎に原子爆弾を投下した八月九日には、今度はラジオを通じてアメリカ国民へのメッセージを発した。この二つに示されていることが、アメリカの公式見解として現在にまで引き継がれているので、該当部分を示しておきたい。

昭和二十年八月六日、新聞発表「広島への原爆投下に関する大統領声明」

十六時間前、米国航空機一機が日本陸軍の重要基地である広島に爆弾一発を投下した。〔中略〕日本は、パールハーバーで空から戦争を開始した。そして彼らは何倍もの報復をこうむった。にもかかわらず、決着はついていない。〔中略〕七月二十六日付最後通告がポツダムで出されたのは、全面的破滅から日本国民を救うためであった。彼らの指導者は、たちどころにその通告を拒否した。もし彼らが今我々の条件を受け入れなければ、空から破滅の弾雨が降り注ぐものと覚悟すべきであり、それは、この地上でかつて経験したことのないものとなろう。この空からの攻撃に続いて海軍および地上軍が、日本の指導者がまだ見たこともないほどの大兵力と、彼らには既に十分知られている戦闘技術とをもって侵攻するであろう。

昭和二十年八月九日、ラジオ放送「ポツダム会談に関する報告」

我々が開発した爆弾を使用した。真珠湾で我々に通告することなく攻撃を行なった相手に、アメリカ人捕虜を飢餓にさらし、殴打し、処刑した相手に、そして、戦時国際法を遵守する素振りさえかなぐり捨てた相手に、原子爆弾を投下した。我々は戦争の苦しみを早く終わらせるために、数多くの命を、数多くのアメリカの青年を救うために、原子爆弾を投下したのである。

つまり、トルーマン大統領が主張する原爆使用の正当性は、①日本は国際法違反の悪行を働いたのでその報復として原子爆弾を使用した、②原爆投下は戦争終結を早め人命を救った、の二点に集約される。逆に言えば、この二点が揺らげば、アメリカの原爆投下は正当性を失うことを意味する。したがって、アメリカはこれを是が非でも死守するほかないのだ。

ただし、原子爆弾の投下直後の段階では、このようにアメリカは真珠湾攻撃、捕虜虐待など、日本の国際法違反を指摘していたが、その後はそれをあまり主張しないように変化してきた。現在では、①については公式に言及されることはほとんどなくなった。アメリカが原爆使用の正当性として用いるのは、もっぱら②の「早期終戦・人命節約論」である。ところが国民の一般的な意識では、いまだに真珠湾攻撃に対する根強い嫌悪感が残っていることを日本人としては把握しておくべきであろう。

近年、アメリカの公人がどのように「早期終戦・人命節約論」を述べているか、具体例をいくつか確認しておきたい。

平成三年（一九九一）十二月一日、ジョージ・ブッシュ大統領（父）はABCテレビにおけるインタビューで、原爆投下について日本にはアメリカに謝罪を求める声があるが、それについてどう思うかと質問されたのに対し、「我々は戦争をしていたのだ。現大統領として私からは謝罪しない」「原爆投下は正しかった。何百万人ものアメリカ人の命を救ったトルーマン大統領の慎重な決断だった」と語った。

また、平成十九年（二〇〇七）七月、ロバート・ジョセフ核不拡散問題特使（当時、前国務次官）が、ワシントンで行なわれた米露の核軍縮に関する記者会見で、原子爆弾を最初に使用したアメリカが核不拡散を主導することの矛盾を指摘されたことにつき、「原爆の使用が戦争の終結をもたらし、連合国だけでなく、文字通り日本人も含めた多くの命を救ったということに関しては、歴史家の意見が一致していることだ」と反論した（平成十九年七月五日付『朝日新聞』）。

さらに、平成二十年（二〇〇八）八月、シーファー駐日米大使が講演後の質疑応答で、高校生が「原爆投下は正しかったと思うか」と質問したことに対して、「(原爆投下に）賛成しないまでも理解できる」と前置きしたうえで、「降伏しない日本に原爆を投下したのは、より多くの人命が失われないためだった」と答えた（平成二十年八月一日付『西日本新聞』）。

このようにアメリカ政府は、原爆使用の正当性の根拠として、日本の国際犯罪については主張しなくなったものの、トルーマン大統領の声明以来、一貫して「早期終戦・人命節約論」を政府の見解として維持している。

日本政府の原爆投下への見解は国民を蔑んでいる

他方、日本政府が、長崎に原子爆弾が投下された翌日の昭和二十年（一九四五）八月十日、中立国のスイスを通じて「米機の新型爆弾による攻撃に対する抗議文」をアメリカ政府に発したことは、今日あまり知られていない。これが原子爆弾に関する初期の政府見解だった。抜粋して紹介する。

米国は再三にわたり、毒ガスその他の非人道的戦争方法を不法とすべきで、相手国がこれを使用しない限り、その国にこれらの兵器を使用しない旨を声明している。しかし、それにもかかわらず、このたび米国が使用した原子爆弾は、その性能の無差別かつ惨虐性において、毒ガスその他の兵器を遥かに凌駕《りようが》するものである。従来のいかなる兵器にも比較できない無差別性惨虐性を有するこの爆弾を使用するのは人類文化に対する新たな罪悪である。帝国政府は、自らの名において、また全人類および文明の名において米国政府を糾弾すると共に、即時このような非人道兵器の使用を放棄すべきことを厳重に要求する。

しかし、この政府見解は戦後に大きく転換することになる。昭和三十八年（一九六三）の原爆裁判で、日本政府は次のように主張した。

原子爆弾の使用は日本の降伏を早め、戦争を継続することによって生ずる交戦国双方の人命殺傷を防止する結果をもたらした。かような事情を客観的にみれば、広島市・長崎市に対する原子爆弾の投下が国際法上違反であるかどうかは何人《なんぴと》も結論を下し難い。

政府はこのように述べたうえで、「にわかにこれを違法と断定はできない」と前出の抗議文の見解を否定し、これが政府見解として現在にまで踏襲されている。

しかし、この政府の主張は明らかにおかしい。原子爆弾の投下が国際法上違反であるかどうかは、当時の国際法に照らし合わせて、アメリカ軍の原爆投下の行為が戦争犯罪に該当するか否かを判断すればよいのであって、終戦を早めて犠牲を減らしたうんぬんという「効果」とは無関係である。

もし効果があればいかなる殺戮《さつりく》も認められるというならば、化学兵器や生物兵器の使用も、合法とされ得ることを意味する。これは戦争の手段を規制するために一世紀以上にわたって積み上げてきた国際社会の議論を全て否定することになろう。もしこの政府の主張が正しければ、日本は今後、目的や効果いかんで、必要に応じて核をはじめ残虐性の高い兵器を使用する可能性があると読み取ることもできる。この政府の答弁は、極めて危険な考え方であると指摘しておかなければならない。

そして昭和五十五年（一九八〇）、鈴木善幸内閣は、一一二カ国が賛成して採択された「核兵器の使用は人道に対する罪悪である」と明記された国連決議に、アメリカと共に反対票を投じた。原子爆弾によって多くの死者を出した日本が、その非人道性を否定する立場に立つなど、およそまともな判断とは思われない。

それだけではない。平成七年（一九九五）の村山内閣時、国際司法裁判所での核兵器の違法性についての意見陳述で、広島・長崎の両市長がその違法性を述べる前に、同席した外務省の河村武和軍備管理・科学審議官が「両市長の発言中、事実以外の発言は必ずしも政府見解ではない」と述べ、両市長の発言を個人的見解と断言した。また東京裁判についても、我が国は講和条約で東京裁判を受け入れているということが政府見解として固定され、今にまで至る。

つまり、日本政府もトルーマン大統領の声明以来、アメリカ政府が踏襲してきた〝原子爆弾は戦争終結を早め人命を救った〟という「早期終戦・人命節約論」と同じ立場に立ってしまっているのだ。

だが、二個の原子爆弾で日本の民間人三〇万人以上が死亡しているにもかかわらず、日本政府が「アメリカ兵の人命が救われたならそれでよし」とするのは、あまりに国民を蔑《さげす》んではいまいか。

それとは正反対に、広島と長崎への原子爆弾の投下を容認するかのような発言をして辞任に追い込まれた閣僚もいた。平成十九年（二〇〇七）六月末、当時の久間章生《きゆうまふみお》防衛大臣が講演で、「あれで戦争が終わったんだという頭の整理で今、しょうがないなという風に思っている」「勝ち戦とわかっている時に原爆まで使う必要があったのかどうかという、そういう思いは今でもしているが、国際情勢、戦後の占領状態などからすると、そういうことも選択としてはあり得るということも頭に入れながら考えなければいけないと思った」などと述べたところ、被爆者団体などから強い抗議を受け、辞任に至った。

原子爆弾の使用を容認する論調にも、厳しい批判が寄せられることに注目したい。つまり、広島と長崎への原子爆弾の投下を非難する意見は、国際社会から禁忌とされている反面、原子爆弾や核兵器の使用を容認する意見も、国内では禁忌とされている。ということは、日本においては、原子爆弾に関する許される言論は、かなり狭い範囲でしかないことになる。原子爆弾を肯定することも、否定することも許されないのが日本の社会なのだ。

だが、日本は原子爆弾の被害を受けた唯一の国なのだから、その犯罪性を追及しなければならないし、人類の名においてそれを行なう責任があるのではないか。アメリカの戦争責任を論じることは、平和主義を採用する国家としての義務だと思う。

やはり日本政府は「早期終戦・人命節約論」に立つべきではない。日本政府の見解が、一般的な日本人の感覚と一致するものではないことは、せめてもの救いである。アメリカがかつて一度も原爆投下について公式に謝罪していないことに違和感を覚えるのが、普通の日本人の感覚であるし、原子爆弾が「人命を救った」という詭弁に共感する日本人などほとんどいない。にもかかわらず、多くの日本人は原子爆弾の問題を直視しようとはしない。

大バッシングで変更を余儀なくされた原爆展

そして、原子爆弾の問題を直視しようとしないのは、アメリカも同じである。日本ではGHQの占領政策によって、この問題を語るのが禁忌として定着してきたことは既に示した。アメリカではそれとは背景が異なり、真実が暴露されることに対する恐れや焦りがあるように思える。つまり、原子爆弾の恐ろしさと使用の犯罪性については、意識的にこれを見ないようにしてきたのではあるまいか。

アメリカでは、原子爆弾の投下に疑問の目を向けようとする空気はいまだ表に現れてこない。「原子爆弾を日本に使用したことは正義である」というのが長年政府の見解とされてきたのみならず、もしこれが否定されたら、困難な戦争に立ち向かったアメリカ大統領とアメリカ兵たちの功績が否定され、アメリカの国家としての誇りは踏みにじられることになる。そんなアメリカの苦しい立場を象徴するような出来事が、平成七年（一九九五）に起きた。

アメリカ・ワシントンの国立航空宇宙博物館（スミソニアン博物館のうちの一つ）は、終戦五十年を迎えるにあたり、広島に原子爆弾を投下したB－29であるエノラ・ゲイの大がかりな修復作業を進めていた。この歴史的な爆撃機の展示方法については、議論を経て、歴史的文脈のなかで展示するという方向で決着するはずだった。

予定されていた原爆展は、核兵器が現代社会にどのような意味を持つかを問うものだった。これまで爆心地で何が起きていたか、アメリカではほとんど知られていなかった。被爆者の遺品などを展示し、被爆の様子を伝えることで、原子爆弾と核兵器の全体像を伝える意図があった。ところが、「最終幕――原子爆弾と第二次世界大戦の終結展」の準備も最終段階に入ったところで、新聞や雑誌などが一斉に展示計画に猛烈な批判を浴びせ、国を挙げての大論争に発展したのである。

平成六年（一九九四）五月七日付の『ウィルミントン・モーニング・スター』紙は、「名高いエノラ・ゲイ爆撃機の身の毛もよだつ展示方法に退役軍人怒る」との見出しで、次のような記事を掲載した。

スミソニアン国立航空宇宙博物館当局が、エノラ・ゲイのためにぞっとするような展示計画を立てている。そして、それに苛立つ第二次大戦時の元軍人の数は増える一方だ。彼らは身を捨てて戦った誇りを喚《よ》び起こしたいと願っている——死んだ子供や被爆者の写った凄惨な写真で、それに影を落とされたくはないのだ。（Tom Webb, "Grisly display for famed Enola Gay bomber angers vets", Knight-Ridder.）

七月二十一日付の『ワシントン・ポスト』も次のように伝えた。

批判者たちは、スミソニアンが展示の歴史的正確さよりも政治的正しさを優先したと非難している。展示計画では、日本人は苦しみにあえぎ高貴でさえある犠牲者として描かれ、アメリカ人は人種差別主義者で、真珠湾の復讐にひた走る非情な戦士として描かれていると彼らは指摘する。（Eugene L. Meyer, "Dropping the Bomb", Washington Post, July 21, 1994, p. C2.）

八月二十九日付の『ウォールストリート・ジャーナル』の社説も紹介しておきたい。

広島に原爆を投下したこのB－29を展示するにあたって、日本を太平洋戦争の第一の犠牲者として提示したことで、国立航空宇宙博物館はアメリカの国立博物館でありながら前例のない歴史の書き換えを行なった。〔中略〕展示台本からは、平和を希求しながら四面楚歌に陥っている日本の姿が浮かび上がる。この日本の運命を握るのは、完全勝利と女や子供の大量虐殺に向かって突き進む、救いがたいほど凶暴な敵――アメリカだ。なぜこういうことになるのか。「多くのアメリカ人にとって、それは報復の戦争だった。多くの日本人にとって、それは自分たちに固有の文化を欧米の帝国主義から守る戦争だった」。この一節は空軍協会などからの批判に押されてようやく削除された。〔中略〕奇妙としか言いようがないのは、エノラ・ゲイ展示の筋書きを書いた同じ作者が、カミカゼ・パイロットを描く時にはロマンティシズムをにじませていることである。〔中略〕太平洋で戦い、血を流したアメリカ人たちの、苦しさと生命については一言の言及もない。

(Unsigned editorial. "War and the Smithsonian", Wall Street Journal, Review and Outlook section, August 29, 1994, p. A10.)

このように、国立航空宇宙博物館の展示企画は、当時のアメリカ兵を侮辱するものであり、国の威信を傷つけるもの、と激しい批判に晒された。博物館側は企画意図を説明して特別展を実施するつもりだった。だが、最後には八一名の連邦議会議員が展示計画の中止と、

スミソニアン博物館に展示されたエノラ・ゲイ（写真提供：ＡＦＰ＝時事）

国立航空宇宙博物館のハーウィット館長の辞任を要求したことで、事態は一変した。同博物館は連邦予算に依存するスミソニアン協会の傘下にあったため、連邦議会議員が束になって反対する原爆展を強行することは難しい。

結局、ハーウィット館長は平成七年（一九九五）一月三十日、原爆展から全ての歴史の痕跡を消すことを約束させられ、エノラ・ゲイだけを単独で展示するものに差し替えられてしまった。この時、館長は次のように述べた。

私は、原子爆弾の使用を歴史的に取り上げることと、戦争終結五十周年を記念すること、この二つを結び付けるという基本的誤りをわれわれは犯したと結論するに至りました。〔中略〕

この重要な記念の年にあたり、退役軍人とその家族は、当然のことながら、国が彼らの勇気と犠牲を称え、記念することを期待していました。彼らが望んだのは分析ではなかったのです。そして正直に申して、私どもには、そのような分析が引き起こす強い感情に対して配慮が十分ではありませんでした。

（マーティン・ハーウィット『拒絶された原爆展』五一一ページ）

博物館は連邦議会の圧力に屈してしまったのである。連邦議会は、当時三一〇万人の会員を持つ米国在郷軍人会や、その他の数多くの退役軍人団体の意向に応えていた。その後も、他の博物館や美術館で原爆展が企画されることがあったが、そのたびに強い抗議と圧力を受けて、中止もしくは縮小開催を余儀なくされてきた。

アメリカでは、原子爆弾の真実は今も封印されたままである。日本人にとって原子爆弾のキノコ雲は恐怖と屈辱の象徴であるが、アメリカ人にとって、それは勝利と正義と栄光の象徴なのであり、その雲の下で苦しんだ人々のことに目を向けるつもりはないようだ。まして、犯罪性を直視しようとする空気は存在しない。

だが、この原爆展開催につき、全米を挙げての大論争になって反対派が制したということは、その反対意見を述べた全ての人は、原爆投下が非人道的な犯罪であることを知っていた、もしくは薄々気づいていたことを意味する。もし原爆投下を正義であると心の底から信じているなら、正々堂々と展示すればよいのであって、原爆展など何ら恐れる必要はないはずだ。正義の行動が詳しく展示されることに反対するのは、実に矛盾している。

原爆展が開催されると、原子爆弾の残虐性が明らかになり、アメリカがこれを使用した犯罪性が知られてしまうことを本当は危惧していたに過ぎない。原爆展を潰すことが唯一、彼らが自らの誇りを保つ方法だったのであろう。アメリカ人は自己防衛本能に従って原子爆弾を禁忌として扱ってきたのである。原爆展が中止に追い込まれた事件は、アメリカ人が原子爆弾の真実を知ることに怯《おび》えているのを示すものだったといえる。

実は、日本は被害者であるがゆえに強い立場にいる。それに対して加害者であるアメリカは、弱い立場に立たされているのである。

互いの過ちを知り、真の友好へと歩を進めよ

ところが、アメリカにおいて、原爆投下を客観的に評価できる日は近づいていると思え

る。たしかに、前出の調査結果が示すように、アメリカでは原爆投下は正当なものという世論が圧倒的である。ところが同調査では、十八歳から三十四歳での支持は五〇％に過ぎず、原爆投下を支持しない比率は若年層ほど高い傾向があることもわかった。若い世代には核に対する確実なアレルギーが存在している。ということは、将来、原爆投下についてアメリカの世論が五分五分、いや反転する可能性は高い。

現実を直視すべきなのは、日本人も同じである。そろそろ日本政府は従来の見解を変更し、アメリカの原爆投下が国際法違反であることを公式に宣言すべきではあるまいか。平成十九年（二〇〇七）、第一次安倍内閣で、安倍首相は「政府としては、広島および長崎に対する原子爆弾の投下は、極めて広い範囲にその害が及ぶ人道上極めて遺憾な事態を生じさせたものであると認識している」と答弁した。あとは「それが国際法違反である」と一言付け加えるだけである。慰安婦の問題も然《さ》ることながら、原爆投下を国際法違反であると政府が明言することは、日本人が誇りを取り戻す力強い第一歩となるであろう。

これまで、第二次世界大戦は「政治」の問題であったが、終戦七十年を迎えた今、そろそろ「政治」ではなく「歴史」の問題として語ることができる時代に入ったと思う。単に時間が経過したというだけでなく、戦争を知らない世代が人口の大部分を占めるようになり、感情を抑えて、冷静に客観的に分析ができる条件が整ってきた。

たとえば、明治時代に明治維新研究などできるはずもなかった。明治維新を経て我が国の統治機構が整備されたため、これを否定することは国家そのものを否定することになる。明治維新の負の部分を見つめることができるようになったのは、おそらく大戦終結のあとからだったと思われる。そして、近年ようやく、明治維新の光の部分だけではなく、影の部分も堂々と論じられるようになった。同時に、江戸時代は長らく暗黒の時代とされてきたが、近年は江戸時代を肯定する論調が目立つようになり、江戸時代の光と影が共に論じられるようにもなった。

完全な善人や、完全な悪人がいないように、何事にも光と影があると考えるべきであろう。はたして、先の大戦における日本は完全な「悪」であり、アメリカやイギリスなどは完全な「善」なのか。冷静な目で分析をすれば、日本にも光はあったし、アメリカやイギリスにも影はあったことがわかってくるはずである。第二次世界大戦を歴史として論じることができるようになった今、ようやく、それが冷静に分析可能になったように思う。

したがって、今あえて先の大戦における「アメリカの戦争責任」という難題に取り組むのは、何もアメリカを糾弾することを目的とするものではない。まして、韓国などのようにそれによって賠償金を得ようとするものでもない。日本が日本の過ちを知り、そしてアメリカがアメリカの過ちを知ることで、本当の和解をすることができると思うからである。よってこの探求は、日米友好のための探求である。

第二章

原爆投下を正当化するアメリカの教科書

アメリカの教科書は原爆をどう記述しているか

第一章では、アメリカの戦争責任を論じることは戦後最大の禁忌であったと述べ、広島・長崎への原子爆弾の投下に関する日米両政府の見解を紹介し、アメリカの戦争責任を論じる意義について書いた。

そこで第二章では、アメリカの中学・高校で用いられている教科書の記述を眺め、アメリカの子供たちは原爆についてどのような教育を受けているかを見たうえで、現代アメリカ人が考える原爆使用の正当性について分析していきたい。

アメリカは日本と違って教科書検定制度がなく、出版社が自由に教科書を出版することができる自由発行制度を採っていて、内容だけでなく、価格までも発行元が自由に設定できる。ところが、国による検定がない代わりに、専門団体が提言する全米ガイドライン、各州や各学区教育委員会が定めるカリキュラム基準があり、州や学区ごとに、それらの基準に適合する教科書が認定され、各学校が必要な教科書を必要数購入する仕組みになっている。どの教科書をどのように使うかは、最終的には教師の裁量に委ねられている。

したがって、いくら自由に発行できるとはいえ、採択されるかどうかは別問題であって、当該地域の基準に沿っていなければ、候補に挙がることもない。そのため、原爆投下について肯定的なものから若干否定的な表現をするものまで、多少の違いはあるものの、それほど大きな違いは見られない。

アメリカの中学・高校用の教科書には、アメリカが原子爆弾を投下した正当性について、次のように書かれている。

> ポツダムにいるトルーマン大統領は、本国から驚くべきニュースを受け取った。アメリカの科学者たちが極秘に開発を進めていた新兵器の原子爆弾の実験に成功したという。この新兵器の威力はすさまじく、たった一発の爆弾で一つの都市をまるごと破壊できるものだった。これを実際に使用するのは危険すぎると考える科学者もいた。〔中略〕
>
> 連合国の指導者たちは、ポツダムから日本に対し、降伏しなければ「迅速かつ完全な壊滅」が行なわれると警告する声明を送った。しかし、原子爆弾のことを知らない日本の指導者たちはこのポツダム宣言を無視した。〔中略〕
>
> 戦争後、トルーマン大統領は、原爆使用に同意したのは「戦争の苦しみを早く終わら

せ、大勢のアメリカの若者たちの命を救うためだった」と語った。大統領は正しい判断を下したと思いますか？　あなたの意見を述べなさい。

（The American Nation, Pearson Prentice Hall, 2002. pp. 752-755.）

〔東京大空襲などの〕大きな被害が出ているにもかかわらず、日本の軍事指導者は無条件降伏を拒否した。アメリカの国家指導者は、日本への侵攻作戦が行なわれれば、強い抵抗に遭い、一〇〇万人もの命が失われるかもしれないと心配した。これまで知られていなかった、世界におけるもっとも威力のある兵器が、日本を侵攻する必要性と、ソ連の支援をあてにする必要を取り除いた。〔中略〕降伏もしくは「完全なる破滅」のいずれかを求めるトルーマンの最終声明を日本政府が拒否すると、八月六日に原子爆弾が広島の六割を破壊した。

（History of a Free Nation, Glencoe-Mcgraw Hill, 1994. p. 875.）

七月二十六日のポツダム宣言は、アメリカの方針を簡潔に示し、日本に降伏の機会を与えた。しかし、ポツダム宣言は、天皇裕仁が戦犯として裁かれないことを保障していなかった。日本側の回答がとても慎重なものだったため、アメリカ側はポツダム宣言が拒否されたものと理解した。
ジェームズ・バーンズ国務長官は、一週間ほど前に実験したばかりの新しい原子爆弾を使うようにトルーマン大統領に強く勧めた。日本人は死ぬまで戦うのではないかとアメリカ人は恐れていたが、沖縄での日本人のすさまじい防衛戦と、何千ものカミカゼ・パイロットによる自殺攻撃がこれを実証した。またそれとは対照的に、その爆弾は戦いを早期に終結させ、またスターリンを威圧することにもなる。要するに、原子爆弾を使用しないという決定は、まともな選択肢として考えられるものではなかった。
(The American Journey, Pearson Prentice Hall, 2002. p. 707.)

また、第二次世界大戦の太平洋戦線に関する中学・高校用の副読本には、トルーマン大統領が原爆投下を決断するまでの経緯が詳しく書かれている。

フランクリン・ルーズベルト大統領は一九四五年四月一二日に死去しており、ハリー・トルーマン副大統領が後を継いだ。新大統領は原子爆弾のことを知っており、その使用の重大性について比較考察を始めた。一方では、この爆弾は投下されたどの都市でものすごい数の罪の無い人々を殺害するであろう。これらの人々は死にもだえ苦しんで、身の毛もよだつ死を迎えるだろう。しかしその一方で、この爆弾を使わず、また日本への侵攻に着手しなければ、おそらく数百万以上の日本人、米国人の命を犠牲にして、この戦争がもう一年長引くこともありうる。

トルーマン大統領はこの爆弾の使用を支持する人たちの助言を聞いた。日本は今にも降伏するばかりになっていて、そういった破壊的兵器の使用は必要ないと信ずる人々がおり、彼はまた、そういった原子爆弾反対派にも耳を傾けた。両者の言い分を聞いた後、大統領は間もなく、かつて国家元首が行なったもっとも難しい決断の一つを行なった――すなわち、必要であれば、日本に対し原子爆弾を使うであろうと。大統領はそれが多くの批判を招く決定であると知っていた。だが、その決定が正しいものだと心のなかでは感じていた。

日本への原爆投下の数日前、米機が恐ろしい新兵器について日本国民へ警告するビラを投下した。いわく、諸君の指導者たちが戦いを止めなければ、諸君に対しこれが使われると。だが日本の軍国主義者たちは降伏をあくまで拒んだ。彼らに降伏する意思はないと明らかになって、この爆弾を使用すると決定された。

(World War II Pacific, Walter A. Hazen, Frank Schaffer Publications, 2000. pp. 29-30. 邦訳、渡邉稔『アメリカの歴史教科書が描く「戦争と原爆投下」』)

いくつか眺めてきたが、次のような点が共通している。まず、アメリカは日本に対してポツダム宣言によって降伏の機会を与え、これを拒んだら新兵器によって壊滅すると警告したにもかかわらず、日本はこれを拒絶した。次に、原子爆弾の使用は戦争の終結を早め、結果として一〇〇万人以上のアメリカ人の命を救った、という点である。また、ソ連の関与なく日本を占領するためと指摘する教科書があることには注目しておきたい。

トルーマン声明との共通点と相違点

これらアメリカの教科書は、前章で引用したトルーマン大統領の原爆投下に関する声明に沿ったもので、アメリカ政府の公式見解を踏まえた記述になっている。トルーマン大統領の声明の骨子は、①真珠湾で奇襲攻撃をし、②アメリカ人捕虜を虐待・処刑し、③戦時国際法を遵守する素振りも捨てた日本に対して、④戦争を早く終わらせるために、⑤数多くのアメリカの青年の命を救うために、原子爆弾を投下した、というものだった。特に、原子爆弾の投下が戦争を早く終わらせることになったため、数多くのアメリカ人の命を救ったという部分は、のちの大統領や政府高官がたびたび口にしてきたことであり、現在もアメリカ政府の公式見解として定着している。

ところがアメリカの教科書は、トルーマン声明の④と⑤は原爆使用の正当性の根拠として述べているが、①から③の日本の戦争犯罪については、直接言及していない。

アメリカの教科書は軒並み、第二次世界大戦についてはかなり大きく紙面を割いていて、「バターン死の行進」など、日本軍による米兵捕虜の虐待・処刑などは実例を挙げて説明するものが多い。しかし、日本の戦争犯罪については明記しておきながらも、それが原爆使用の正当性を示す根拠としては積極的に用いられていない。私はそこに、アメリカの冷静さを垣間見ることができると思う。

アメリカ政府が、後年、日本の戦争犯罪を原爆投下の根拠としなくなったことは既に述べた。アメリカの教科書も、その路線を踏襲し、政府見解と歩調を合わせていることがわかる。

トルーマン声明は、原爆投下直後に発表されたものだった。当時は日本の戦争犯罪を強調してアメリカ人の日本への嫌悪感を煽ることで、原爆使用の批判をかわす意図があったものと思われる。

トルーマン大統領は、この声明を出すにあたり、練りに練って考察を重ねたに違いない。この声明の目的は、原爆使用の正当性を世界に説明することであった。そこで、日本の戦争犯罪を強調し、アメリカがこれに懲罰を加えるという筋道になっていて、しかも、多くの人命を救うのが目的であると述べられている。これによって、民間人を無差別に大量に虐殺するという原子爆弾の恐ろしさを覆い隠すだけでなく、この兵器の使用が正義の行動であることを国際社会に示して、賛同を得ようとしたのであろう。

ところが日本に対する国際社会の嫌悪感が薄れてきた昨今、原子爆弾の使用が「日本に懲罰を与える」ことが目的だったと強調するのは、アメリカにとっては得策ではない。日本の戦争犯罪を強調すると、アメリカの戦争犯罪も追及されかねないからである。「世界の警察」と呼ばれたアメリカとて、臑《すね》に傷はある。

そして、その古傷の最たるものが、東京大空襲と広島・長崎への原子爆弾の投下に違いない。昭和十三年(一九三八)から始まった日本軍による重慶爆撃は、民間人の犠牲者を出したため、当時アメリカはこれを「国際法違反」と非難する声明を発した。しかし、終戦後、アメリカは重慶爆撃を非難しなくなり、重慶爆撃の指揮官を東京裁判の戦争犯罪人リストから除外したのである。もし重慶爆撃の実行者が戦争犯罪者とされたなら、東京をはじめとする都市空爆と、広島・長崎への原爆投下の指揮官は、必ず戦争犯罪人として裁かれなければならなくなる。戦後アメリカが、日本の戦争犯罪をことさら原爆投下の理由として挙げなくなったのは、それが理由であると思われる。

そして、原子爆弾の被害があまりに大きかったことは、あるいはアメリカにとっては誤算だったのかもしれない。三〇万人以上の民間人を焼き殺す正当性を説明するのは、至難の業であろう。物事を冷静に見ることができるようになった今、日本の犯した戦争犯罪と、それに対する懲罰として行なわれた原爆投下などが釣り合っていないことは、少し考えれば誰にでもわかることである。

「謝罪はもう十分・不要」と見なす現代アメリカ人

したがって、戦争中であれば日本への嫌悪感を表現することはアメリカにとって得策だったとしても、七十年の年月を経てもなお、日本の戦争犯罪の残虐性を強調することは、アメリカにとって何の得にもならないのだ。たとえ日本が米兵を不法に処刑したのが事実であったとしても、民間人の大量虐殺が許されるわけではない。

現在のアメリカの教科書が、日本の戦争犯罪については、それはそれとして記述しつつも、原爆使用の正当性の根拠としてはこれを用いず、トルーマン声明の「戦争を早く終わらせるために、数多くのアメリカの青年の命を救うために、原子爆弾を投下した」という点を特に強調しているのは、それが理由ではないか。また、ポツダム宣言で降伏を呼びかけたにもかかわらず、日本はそれを無視したとの記述は、トルーマン声明には見られない新しい点である。

日本の戦争犯罪をことさら追及しない傾向は、教科書だけではなく、アメリカ政府も同様である。近年、中国・韓国・ロシアが歴史認識で日本と対峙する構えを見せるなかで、アメリカ政府は、これ以上日本の戦争犯罪を追及するつもりはなく、むしろ未来志向で日米関係を積み上げようとしているように見受けられる。このことは世界的な風潮になっていて、日本を歴史問題で締め上げようとしているのは、世界で既出の三カ国のみといってよい。

これまで日本の首相が国際政治の場で日本の過去について述べる場合、「侵略」「植民地支配」などへの謝罪が必須とされてきた。ところが平成二十七年（二〇一五）四月二十九日、安倍首相は米議会上下両院合同会議での演説で、これらの言葉を用いなかったにもかかわら

先の大戦に関するアメリカの世論調査

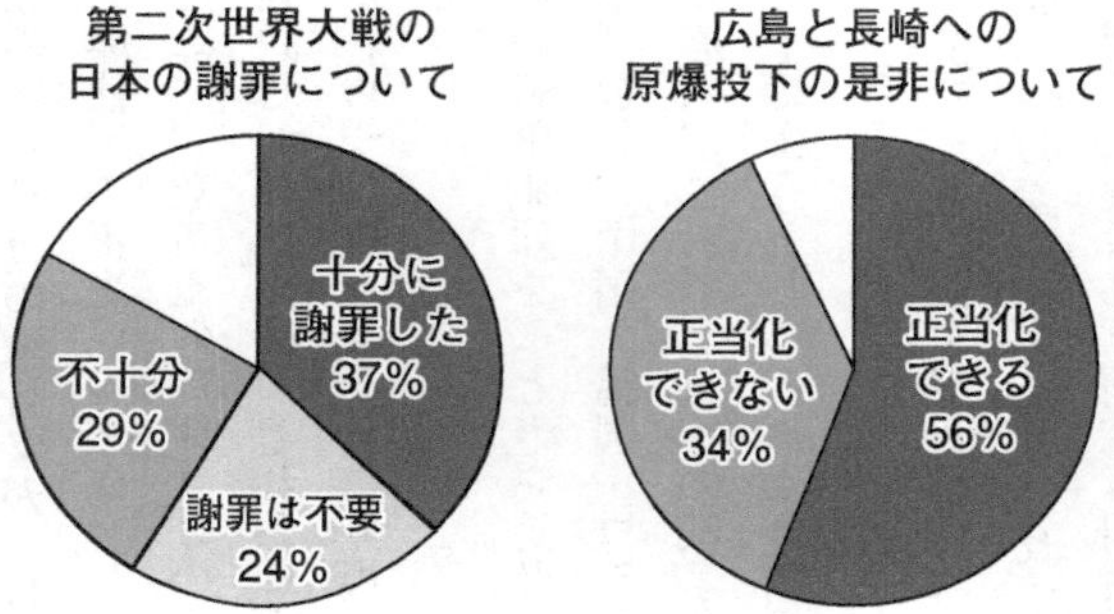

（出典：米ピュー・リサーチ・センター）

ず、国際社会から一定の支持を得た。

アメリカ人の意識も変化しつつある。安倍首相が米議会で演説した直前の四月七日に米調査機関が発表したアメリカでの世論調査によると、先の大戦に関する日本の対応について、アメリカ人の六一％が「十分に謝罪した」「謝罪は不要」と考えているという。戦後一貫して世界平和に貢献してきた我が国の行ないが、アメリカをはじめ、世界の人々の意識を徐々に変化させてきたのであろう。

日本の戦争犯罪とアメリカの戦争犯罪の具体的な事例は別に検討することにし、また、アメリカの教科書が原爆投下の正当性として示す、戦争を早期に終結させ、多くのアメリカ人の命を救ったとの点についても大きなテーマとなるため、次章以降に検討することとして、ここではさらにアメリカの教科書を眺めていきたい。

日米の教科書で著しく違う犠牲者の人数

原子爆弾の被害状況について、アメリカの教科書は次のように記載している。

一九四五年八月六日、アメリカの爆撃機エノラ・ゲイが、日本の広島に一つの原子爆弾を投下した。その爆発は少なくとも七万人を死亡させ、同数を負傷させたほか、市の大部分を破壊した。八月九日、アメリカは第二の原子爆弾を長崎に投下した。住民約四万人が即死した。その後、長崎と広島をさらに多くの人々が、爆弾から放出された死に至る粒子、放射線によって命を落とした。

（The American Nation, Pearson Prentice Hall, 2002. p. 753.）

一九四五年八月六日、エノラ・ゲイと呼ばれたB－29が、人間に使用された最初の原子爆弾を投下した。それは広島市の二分の一を破壊し、八万人以上を殺害した。爆心地では四・四平方マイル〔七平方キロメートル〕の範囲を完全に平らにするほど、この爆弾は強力であった。

広島が猛烈に破壊された状態でも、日本人はなおも降伏を拒んだ。三日後、ボックス・カーと呼ばれた別のB－29が長崎市に二番目の原子爆弾を投下した。これは四万人ほど殺害した。ようやく、日本の軍指導者たちはもうたくさんだとなった。八月一四日に彼らは降伏した。六年間というひどい年月の末、第二次世界大戦は終わった。

（World War II Pacific, Walter A. Hazen, Frank Schaffer Publications, 2000. p. 30.　邦訳、前掲書）

いずれも原子爆弾が一つの都市を壊滅させ、多くの死傷者を出したことに言及しているが、死者の人数がかなり少なく見積もられている。また『World War II Pacific』は、広島への投下では終戦に至らず、二発目の長崎への投下をもって降伏が実現したという趣旨のことを記している。これは、二発目の原爆投下を正当化する理由を示す意図があるものと思われる。アメリカが広島だけでなく長崎にも原子爆弾を投下したことについては、あらためて問われなければならないであろう。アメリカの目的を達成するために、仮に原爆投下が必要だったとしても、二発目が必要であったかについては、実に疑わしい。これについても順次検討していきたい。
他方、日本の教科書は原子爆弾の投下について、次のように記述している。

ポツダム宣言に対して、「黙殺する」と評した日本政府の対応を拒絶と理解したアメリカは、人類史上はじめて製造した2発の原子爆弾を8月6日広島に、8月9日長崎に投下した。また8月8日には、ソ連が日ソ中立条約を無視して日本に宣戦布告し、満州・朝鮮に一挙に進入した。陸軍はなおも本土決戦を主張したが、昭和天皇のいわゆる「聖断」によりポツダム宣言受諾が決定され、8月14日、政府はこれを連合国側に通告した。〔中略〕

広島・長崎の爆心地の惨状　原爆は広島市中心部の上空で爆発し、約20万人が生命を奪われ、ついで長崎でも死者は7万人以上と推定されている。現在でも多くの人が放射能障害で苦しんでいる。

（『詳説日本史』〔高等学校地理歴史科用、日本史B〕山川出版社、平成二十四年文部科学省検定済〔日B三〇一〕、平成二十七年三月発行）

アメリカは、戦後政治の主導権を確保し、ソ連参戦以前に日本を降伏させるために、8月6日には広島、9日には長崎に原子爆弾（原爆）を投下した（あわせて20万人以上が死亡した）。

（注釈）日本政府がポツダム宣言に「黙殺」「戦争邁進」を声明したことが、アメリカが原爆を投下した表向きの理由とされたが、日本政府の声明にかかわらず、アメリカは原爆投下をすでに決定していた。

（『日本史B』〔高等学校地理歴史科用、日本史B〕東京書籍、平成十五年文部科学省検定済〔日B〇〇四〕、平成二十三年二月発行、三五四ページ）

このように日本の教科書は、原子爆弾の犠牲者数について、広島市と長崎市が公表した文書に基づいた記述をしている。具体的には、広島市は国連へ提出した文書に、昭和二十年（一九四五）末までの犠牲者数を約一四万人と記載し、長崎市は昭和二十五年（一九五〇）の市原爆資料保存委員会の報告に基づいて、国連への文書に約七万人と記載している。両者を合わせると約二一万人となる。しかし、昭和二十一年（一九四六）以降に落命した人も多く、二つの原子爆弾の犠牲者の総数は三〇万人以上と見積もられている。

もちろん、両市が公表した犠牲者数については批判的な見解もあるだろう。しかし、日本はアジアの他の地域と異なり、当時、既に戸籍制度が整っていて、自治体は住民の氏名などをほとんど完全に把握していた。そのため、原子爆弾の犠牲者については名簿が整っている。中国が主張する南京大虐殺の背景とはまったく異なる。したがって、両市が国連に提出した文書に記載された犠牲者の数に、疑問を差し挟む余地はほとんどないものといえよう。

ところがアメリカの教科書は、原子爆弾二個による犠牲者をかなり低く見積もっている。本稿で紹介したものは、その数を一一万人と一二万人と記載していて、日本の教科書とは著しい開きがあることがわかる。

ドレスデン空爆よりも被害を少なく見積もった?

このことについては、平成二十六年(二〇一四)に、明治大学の藤田怜史《れいじ》助教(米国現代史)が、昭和二十四年(一九四九)から平成二十二年(二〇一〇)にアメリカで出版された教科書のなかから、研究団体が「広域採択歴史教科書」と発表したものや、版を重ねてシェアが大きいとされる教科書五八冊を選んで調査した結果にも示されている。

それによると、アメリカの中学・高校用の歴史教科書で、原子爆弾の犠牲者につき、日本側の見解に沿って記したものは極めて少なく、犠牲者数を掲載しないか、しても多くは公式見解の半分ほどで、放射線による長期的な健康被害について述べた教科書もほとんどないという。具体的には五八冊中、広島の犠牲者数を掲載したのは四二冊で、うち三五冊が公式見解を下回る数であり、また長崎の犠牲者数を掲載したのは一八冊で、うち一四冊が公式見解を下回り、また、少ない数を記した教科書の大半が、広島で七万人前後、長崎で三万から四万人の数を示し、放射線被曝による長期的な影響について言及したのは、九〇年代以降の五冊のみだったという（平成二十六年八月八日付『朝日新聞』電子版）。

犠牲者数を低く掲載したアメリカの教科書は、アメリカの戦略爆撃調査団が昭和二十一年（一九四六）に、二つの原子爆弾の犠牲者を「広島で七万〜八万人、長崎では三万五〇〇〇人以上」と報告したのを根拠としていると思われる（United States Strategic Bombing Suruey, Summary Report〔Pacific War〕, July 1, 1946.）。しかし、これは単に犠牲者数を低く見積もろうとする戦勝国側の心理が働いただけではなく、第二次世界大戦末期の昭和二十年（一九四五）二月にイギリス軍とアメリカ軍によって行なわれた、ドイツ・ドレスデン空爆の民間人の犠牲者「最大一五万人」を意識しているのではないだろうか。ドレスデン空爆は、当時「人類が経験した最悪の爆撃」と評されていた。もし広島の犠牲者が一五万人を超えれば、ドレスデン空爆の犠牲者を上回ることになり、広島への原爆投下こそが歴史上最悪の爆撃と評価されることになる。このことを意識して、原子爆弾の被害を小さめに評価した可能性がある。

また、「原子爆弾の使用は戦争の終結を早め、結果として一〇〇万人以上のアメリカ人の命を救った」と主張する以上、原子爆弾により失われた日本人の数と、米軍が日本本土上陸作戦を展開した場合に失われるであろう米兵の数とを比較して、後者のほうが何倍も大きくなければ辻褄《つじつま》が合わない。そのことも、アメリカ側が原子爆弾の犠牲者の数を少なく見積もる理由の一つと思われる。このように、原子爆弾の犠牲者の数は、極めて政治的な意味合いを持つ数字といえる。

そして、犠牲者を少なく見積もることも然《さ》ることながら、アメリカの教科書が総じて放射線被曝などの長期的影響について触れないのは、原子爆弾の非人道性から目を背けようとする自己防衛本能の現れではなかろうか。アメリカにとって原子爆弾のキノコ雲は、対日戦争の勝利を象徴するものであって、あの雲の下でどれだけ多くの日本人が苦しんだかについては「知りたくない」というのが、多くのアメリカ人の心情なのであろう。終戦五十周年の国立航空宇宙博物館での企画展が、全米から苦情が殺到して中止に追い込まれたのはそのためだった。アメリカの教科書の記述の傾向は、そのことを実によく表している。

「黙殺」を「拒否」と伝えた世紀の大誤訳

次に、アメリカの教科書が述べる、アメリカは日本に対してポツダム宣言によって降伏の機会を与え、これを拒んだら新兵器によって壊滅すると警告したにもかかわらず、日本はこれを拒絶した、との見解について分析したい。

たしかに、ポツダム宣言は日本に対して降伏の条件を示し、その機会を与えるものであった。また、同宣言第十三項では「右以外ノ日本国ノ選択ハ迅速且《かつ》完全ナル壊滅アルノミトス」とも明記されていて、条件の変更は一切認められないばかりか、この条件を受け入れなければ、日本は「迅速且完全ナル壊滅」を招くことになるという。ところで前出のアメリカの教科書に、「日本への原爆投下の数日前、米機が恐ろしい新兵器について日本国民へ警告するビラを投下した」との記述もあったが、原爆投下に関するビラが米軍によって空中散布されたのは八月九日から十日にかけてであるから、これは誤認である。二個の原子爆弾を投下したあとでビラを撒いても、それは警告になっていない。

さて、アメリカの教科書が「日本はポツダム宣言を拒絶した」というのは、おそらく鈴木貫太郎首相の声明のことを述べていると思われる。アメリカ・イギリス・中華民国の三国首脳がポツダム宣言を発して日本に降伏を勧告したのは七月二十六日で、その二日後の七月二十八日に鈴木首相は内閣記者団との会見で、ポツダム宣言について「重視する要なきものと思う」という主旨の答弁をしたところ、「政府はこれを黙殺し、あくまで戦争に邁進する」と発言したという記事が新聞に掲載された（『鈴木貫太郎自伝』二九二ページ。『終戦史録（四）』一九ページ）。

この「黙殺」という表現が問題となる。「黙殺」は七月二十八日の朝刊に既に掲載されていた。たとえば『朝日新聞』は「政府は黙殺」という見出しを掲げ、「何等重大な価値あるものに非ずとしてこれを黙殺すると共に、断固戦争完遂に邁進するのみ」との記事を掲載していた。ところが、これはあくまで記事であって、政府の公式の声明ではなかった。二十八日の会見で、鈴木首相が「黙殺」の言葉を使ったかは疑わしく、会見に出席した記者の、首相は「黙殺」という言葉を使っていなかったとの証言もある（仲晃『黙殺（下）』一二一〜一二二ページ）。

ポツダム宣言について鈴木首相がどう発言するかは、世界が注目するところであった。当時、日本政府の対外広報を担っていた同盟通信がこの会見を伝えたところ、サンフランシスコのAP通信が、これを引用するかたちで、日本政府がこの宣言を「拒否（reject）」したと報じた。「黙殺」が「拒否」と伝えられたことは、のちに「世紀の大誤訳」といわれる。アメリカ海外放送課報局はこれを「無視（ignore）」と訳したが、『ニューヨーク・タイムズ』は「日本、連合国の最後通牒《つうちょう》を公式に拒否（reject）」との見出しで報じた。この一連の報道によって、アメリカ側は「日本はポツダム宣言を拒絶した」と理解したとされる。

「黙殺」とは辞書には「無視して相手にしないこと。とりあわないこと」（『現代新国語辞典〔改訂第五版〕』学研教育出版）であって、「拒否」や「拒絶」とは意味が異なる。しかし外国人に「黙殺」と「拒絶」の違いを理解してもらうのは、端《はな》から無理な話だったかもしれない。鈴木貫太郎が内閣総理大臣に就任してから、水面下で終戦への準備を進めていたのは周知の事実であり、ポツダム宣言を「拒絶」する意図はまったく持ち合わせていなかった。

にもかかわらず鈴木首相が「黙殺」「戦争邁進」の言葉を使ったのは、和平が進むことを帝国軍の主戦派が知ったら、間違いなくクーデターが起きると信じられていたからである。現に玉音放送が行なわれた昭和二十年（一九四五）八月十五日の未明には、戦争継続を訴える陸軍の青年将校たちが叛乱を起こして一時皇居を占拠した。もし七月二十八日の時点で、鈴木首相がポツダム宣言受諾をにおわせるような発言をしたら、同様の叛乱事件が起きたであろうことは、容易に想像がつく。

そこで出てきたのが「黙殺」という言葉だった。本当に拒否するのであれば「拒否」「拒絶」などの言葉を用いるはずである。あえて「黙殺」を用いたのは、この言葉は、肯定も否定もしないという意味だったからにほかならない。むしろアメリカに「コメントしない」という態度をとったことで、水面下ではポツダム宣言受諾が検討されていることを悟ってほしかったというのが、鈴木首相の思いではなかったかと思う。鈴木貫太郎は自叙伝で「この一言は後々に至るまで、余の誠に遺憾と思う点」であると述べている。もし誤解なきように言うならば、「共同声明が発せられたことは、政府としては承知している。これについてはコメントしない」といったところではないだろうか。そうすれば「拒絶した」と理解されることはなかった。

また、戦争に邁進するというのは、たとえ和平交渉が進展していたとしても、停戦が正式に決定する直前まで、戦争に邁進するのは当然のことであり、戦争に邁進するという表現自体は、実質的な意味を持たない。

ところが、「黙殺」「戦争邁進」といった語が首相の言葉として伝えられたことは、アメリカにとって原子爆弾を投下する口実になってしまった。ポツダム宣言の文言に従えば、日本は連合国による「完全ナル壊滅」を受け入れたことになってしまう。とすれば、原子爆弾を投下しようが、日本は文句を言う資格がないと理解されるであろう。それだけではない。日本はソ連に連合国との講和の仲介を依頼していたが、ソ連はこの首相会見を対日戦争参戦の口実にしてしまう。

『ベルリッツの世界言葉百科』(新潮選書)は、「黙殺」の翻訳について「もしたった一語の日本語を英訳する仕方が違っていたら、広島と長崎に原爆が投下されることはなかったかもしれない」と述べるが、「黙殺」報道がなくても、アメリカが原子爆弾を使用したことは間違いないであろう。なぜなら、ハンディ陸軍参謀総長代理がスパーツ陸軍戦略航空軍司令官に原子爆弾の投下を指令したのは、ポツダム宣言が発せられる前日の昭和二十年(一九四五)七月二十五日のことであった。つまり、鈴木首相の会見の前に、既に原子爆弾の投下は決まっていたことになる。

ということは、アメリカが原子爆弾を投下するまでに日本が降伏すれば、投下が中止されるだけのことだった。鈴木首相の会見は投下の口実とされ、実質的に広島への原爆投下を決定づけたものではなかった。「日本政府の声明にかかわらず、アメリカは原爆投下をすでに決定していた」という東京書籍の教科書の記述が事実を述べていると評価できる。

このように、原子爆弾の使用は決まっていたのであって、鈴木首相の声明の内容によって左右されるものでもなかった。したがって、「日本がポツダム宣言を拒絶した」ことは、原爆使用の正当性の根拠にはなり得ない。

かように彼らの主張は危うい論理の上にある

「戦時復仇《ふっきゅう》」という言葉がある。これは、戦時国際法を守らず、重大な戦争犯罪をする国に対して、その戦時国際法違反の行為を止めさせるために、やむを得ず自らも国際法違反の行為を行なうことであり、国際法上、認められた行為である。

ただし、戦争犯罪を働いた相手国に対し、国際法を逸脱したいかなる手段をもとることが許されるかといえば、そうではない。戦時復仇が認められるには条件がある。すなわち、敵が国際法違反の行為を続けるならば復仇に訴える旨をあらかじめ通知すること（事前通知義務）、復仇措置の程度は敵の国際法違反の程度と均衡をとらなくてはならないこと（過度な懲罰の禁止）、非人道的行為は認められないこと（人道的考慮）などの点である。これらの条件が揃わなければ、たとえ、戦争犯罪を繰り返す国に対しても、国際法を逸脱した攻撃手段をとることは許されない。

このように戦時復仇の要件を眺めてみると、これまで検討してきたトルーマン声明、アメリカの教科書などの根底に横たわっているものがわかる。「リメンバー・パールハーバー」で始まった対日戦争は、国民の反日感情を煽って進められてきた。日本に徹底的に復讐してこそ、この戦争は完遂すると考えたならば、日本に懲罰を加える目的で原子爆弾を投下し、それによって終戦を迎えてこそ、国民感情に応えたことになると想像できる。

トルーマン声明では日本が戦争犯罪を繰り返してきた点を、原爆投下の主な理由に挙げている。そして、ポツダム宣言も日本の戦争犯罪について述べるほか、「完全ナル壊滅」という文言を用いていることから、同宣言は「戦時復仇の通知」に当たると主張することができるであろう。ということは、鈴木首相がこれを拒絶する声明を発したことをもって、戦時復仇が認められる条件を一つ満たしたと主張することも可能である。

然りとて、他の条件を全て満たさねば、戦時復仇は許されない。仮に日本が悪質な戦争犯罪を繰り返したとしても、それまでに日本の戦争犯罪で死亡したアメリカ人の数と、原子爆弾による犠牲者の数は均衡がとれないため、復仇措置の程度は敵の国際法違反の程度と均衡はとれない。また、当時の化学兵器と生物兵器は国際的に「非人道兵器」とされ、それよりもはるかに深刻な結果をもたらす原子爆弾の使用は、非人道的行為でないわけがない。

それでも原子爆弾の使用を正当化するなら、日本の戦争犯罪の悪質さをことさら大きく謳《うた》い、原子爆弾の犠牲者数を小さく評価するほか、本土上陸作戦が実行された場合に失われるアメリカ人の数までを全て含めなければ均衡がとれないのだ。つまり、原子爆弾で失われる人命よりも、それによって救われる人命を何倍も大きく評価しなくてはいけない。

トルーマン声明が、日本の戦争犯罪をいくつも列挙して、原爆使用で多くのアメリカ人の命が救われたと述べたこと、そして戦後、アメリカ側が発表した広島と長崎の犠牲者数が抑制的だったことは、戦時復仇の条件を満たすために必要なことであり、トルーマン大統領にとって、このように主張する以外に道はなかった。日本と戦った米兵たちの名誉のためにも、国を挙げた印象操作をする必要があったと考えられる。

しかし、既に述べたように、原子爆弾の悲惨さが明らかになると、戦時復仇を主張するのは無理であると悟ったのか、それとも自己の犯罪を批判されるのを恐れたのか、アメリカ政府は途中で方針を変え、原爆投下は日本の戦争犯罪に対する懲罰であると主張しなくなった。そして正当性の根拠を「早期終戦・人命節約論」に絞って主張するようになったのである。

それでも「早期終戦・人命節約論」を主張するのであれば、やはり、原子爆弾で救われたアメリカ兵の数が、原子爆弾の犠牲者の数よりも何倍も多くなくてはならない。そのため、原爆犠牲者の数を少なく見積もり、またそれにより救われたアメリカ兵の数を多く見積もることにしたと思われる。

そして、その役割を長年にわたって担ってきたのがアメリカの教科書だった。アメリカの教科書が、原子爆弾の被害を小さく表現し、本土決戦が行なわれた場合の米兵の犠牲者数を過大に評価し、日本に降伏の機会を与えたにもかかわらず、これを拒絶したと強調するのは、「原爆投下は日本が講和を拒絶したのが原因である」「原爆投下によって、多くのアメリカ兵の命が救われた」と宣伝する役割を果たしてきたといえる。

アメリカが主張する原爆使用の正当性が、どれだけ危うい論理の上に成り立っているか、おわかりいただけただろうか。トルーマン大統領が原爆投下を命令したのは、必要性や正当性に基づいたものではなく、原子爆弾の投下が先にあり、その必要性と正当性は後づけされたものであると私は思う。

第三章 「無条件降伏」論が早期の終戦を妨げた

マリアナ諸島制圧で転換したアメリカの戦術

アメリカが二つ目の原子爆弾を長崎に投下した日にトルーマン大統領が発表した声明によると、原子爆弾を投下した理由は、戦争を早く終わらせて数多くのアメリカ人の命を救うためだった。本書では、これを「早期終戦・人命節約論」と呼んできた。終戦後、アメリカ政府はこの見解を踏襲し、現在にまで引き継がれている。そしてこの人命節約論は、第二章で示したように、長年、アメリカの教科書によって宣伝されてきた。

原爆使用の人道上の問題があるとはいえ、もし本当に原子爆弾を使用したことで終戦が早まり、一〇〇万人の命が救われたのが事実であれば、正当性を示す理由として、一応はもっともらしく聞こえるかもしれない。もちろん歴史に「もし」はないため、原子爆弾が広島と長崎に落とされていなければ歴史がどう変わったかを論じることはあまり意味がないように思われる。しかし、「早期終戦・人命節約論」が正当性を持つためには、最低でも、原爆投下の意思決定をした当時のアメリカの国家指導者たちが、次の点を確信していなければならないであろう。すなわち、①原子爆弾の使用によって終戦が早まること、②もし戦争が継続していたら一〇〇万人もの米兵が死亡したであろうこと、の二点である。ここから先は、①と②について、順次検証していきたい。

東条英機政権下では、和平を模索する活動は「違法」とされ、特高警察が厳しくこれを監視し、容赦なく弾圧を加えていた。全国民が心を一つにしなければ戦争に勝つことはできないと信じられていたからである。当時は、「和平」「早期講和」などを公然と口にすることは許されず、終戦の模索はあくまでも水面下での活動に限定されていた。

ところが、昭和十九年（一九四四）七月七日にサイパン島が陥落すると、その空気が大きく転換することになった。昭和十八年（一九四三）九月に策定された「絶対国防圏構想」で、サイパン島を含むマリアナ諸島が戦略上もっとも重要とされていたため、サイパン島を失ったことで、重大な国策の変更を余儀なくされたからである。マリアナ諸島が絶対国防圏とされたのは、もしサイパン島がアメリカの手に落ちれば、日本列島全体が長距離爆撃機B－29の航続距離内に入るからだった。それは、日本中が焼かれることを意味する。そのため、東条英機首相はマリアナ諸島を守るために海軍の総力を結集させ、守備隊も増強させて来《きた》るべき決戦に備えていた。

ところが、昭和十九年（一九四四）六月十九日から二十日にかけてのマリアナ沖海戦で、帝国海軍連合艦隊は大敗を喫してしまった。大型空母三隻と投入した航空機四九八機のうち三七八機を失ったほか、多数の犠牲者を出したことで、日本はマリアナ諸島はおろか、西太平洋の制空権と制海権を失ってしまった。そして七月に入ると、サイパン島に続いてグアム島、テニアン島が陥落し、マリアナ諸島は完全に米軍の制圧下に置かれることになった。このようにして、日本の絶対国防圏は簡単に突破されてしまったのである。

もしマリアナ諸島を失えば、それを取り返すか、早期講和するかのいずれかしかない。だが、帝国海軍はマリアナ沖海戦で航空戦力の多くを失ったため、反撃する力はなくなり、マリアナ諸島の奪還どころか、もはや戦争の継続すら困難な状況に陥った。とすれば、サイパンを失った時点で、日本は早期講和をする以外に行く道はなかったことになる。このように、サイパン島を守れるか守れないかは、この戦争の結果を左右する分水嶺だったといえよう。そして案の定、間もなく米軍はマリアナ諸島を飛び立ったB－29で日本中を焼き、しまいには広島と長崎に原子爆弾を投下することになる。米軍が沖縄侵攻の拠点としたのもマリアナ諸島だった。

サイパン陥落前の六月十六日、日本は初めてB－29の爆撃を受けたが、それは支那の成都（四川省）から飛来した爆撃機によるものだった。この時、爆撃を受けたのは北九州の八幡市

焼夷弾を投下するB-29（写真提供：朝日新聞社／時事通信フォト）

（現・北九州市）で、成都から八幡まで約二六〇〇キロメートルの距離があり、B－29の航続距離は爆弾の搭載量によるが、六〇〇〇キロメートル程度しかなく、成都から爆撃する場合は、九州北部が限界だった。しかも、燃料をたくさん積むぶん、搭載できる爆弾は少なくなる。案の定、成都からの爆撃は成果を上げることなく終わった。しかし、アメリカがマリアナ諸島を手中に収めてからというもの、アメリカの戦術は大きく転換し、日本列島全土に対して、大規模で継続的な空爆を実行することが可能になった。

サイパン島陥落により、日本の和平派は、従来のような大東亜共栄圏建設の理想を捨て、戦争の目的を「いかにしてよく負けるか」に定めなくてはいけないと考えるようになった。そして迎えた七月十八日、真珠湾攻撃から対米戦争を指揮してきた東条英機内閣が総辞職した。それは、絶対国防圏を突破された責任をとってのことだった。

サイパン島陥落直前の七月一日付の参謀本部戦争指導班の日誌には、市ヶ谷の分室で班長以下が話し合ったところ、「今後帝国ハ作戦的ニ大勢挽回ノ目途ナク而《し》カモ独〔ドイツ〕ノ様相モ概ネ帝国ト同シク、今後逐次『ジリ』貧ニ陥ルヘキヲ以テ速《すみやか》ニ戦争終末ヲ企図ストノ結論ニ意見一致セリ」（軍事史学会編『大本営陸軍部戦争指導班 機密戦争日誌〔下〕』）だったという。戦争継続を疑わなかった参謀本部が、戦争の終結を考えるようになったことは、大きな転換だったといえる。

そして、十月二十三日から二十五日にかけてのレイテ沖海戦で、日本軍は、フィリピンのレイテ島に侵攻する米軍に対して、残存する海上戦力の全力を挙げて攻撃した。それなりの戦果は上げたものの、日本軍の被害はより甚大で、空母四隻、戦艦三隻、重巡六隻ほか多数の艦艇を失った。しかも、残存艦艇は修理しないかぎり運用できない状態で、本土と南方が分断されたため、修理もまったく目途が立たず、本土に多少の艦艇があっても、南方から本土に燃料を輸送する手段もなく、日本海軍は米軍に対応する能力を完全に失った。

その後、米軍は、日本本土侵攻のための足場を確実に固めていく。昭和二十年（一九四五）二月から三月にかけて、北マリアナ諸島と日本列島の中間にある硫黄島で、壮絶な攻防戦の末、日本は本土の一角を明け渡すことになった。

硫黄島を手に入れたことは、アメリカにとって、マリアナを飛び立って日本本土を空襲するB－29を支援する理想的な基地を得たことを意味する。米軍は硫黄島に突貫工事で滑走路を建設した。護衛戦闘機は航続距離が短いため、マリアナを飛び立って日本本土を空爆するB－29の全行程を護衛することができない。アメリカは、中間点にB－29を護衛する戦闘機の基地を得たことにより、より安全にB－29を飛ばせるようになった。

このことは、日本本土空爆の戦術を変化させた。つまり、護衛戦闘機の直援を受けたB－29は、これまで危険性が高く実行困難だった、昼間の中高度以下の爆撃が可能になったのだ。

このように、アメリカが日本中を焼き尽くす条件は、着実に積み上がってきていた。

「マジック報告」が伝えた日本の和平工作

そして、日本が和平に動きはじめたことは、日本国内および世界中に張り巡らされたアメリカの諜報網により、既にアメリカの国家指導者たちの知るところとなっていた。アメリカは早い段階で日本の外務省と海軍の暗号解読に成功していて、時々刻々と変化する日本の内部事情を、かなり正確に把握していたことがわかっている。

アメリカ陸軍省が傍受した通信を大統領に報告する機密報告書がある。これは「マジック報告」と呼ばれるもので、大統領とその側近の一部に回覧され、読後に破棄される極秘文書とされていた。サイパン島が陥落した翌月、昭和十九年（一九四四）八月十一日付のマジック報告には、日本が講和を模索している事実が、次のように書かれている。

重光葵《まもる》外相は、ロシア〔ソ連〕に和平交渉の仲介をする意思があるかどうかを探るように佐藤尚武《なおたけ》大使〔モスクワ駐在〕に指示した。重光の指示は注意深く言葉を選んでいるが、その真意がロシアのほうから動いて日本と英米の仲介をしてもらいたいというところにあるのは明らかだ。〔中略〕少なくとも新しい日本の内閣のより重要なメンバーの何人かと相談することなしにそのような行動に出たということは、ほとんどあり得ないように思える。〔中略〕日本が直接ロシアに対して和平の用意があると意思表示したのは初めてのことだ。

（MAGIC, No. 869, August 11, 1944, RG457, NA.）

終戦一年前の段階で、日本がソ連を通じての和平交渉を模索していたことを、アメリカは正確に把握していたのだ。このことは、アメリカの諜報活動がいかに進んでいたかを示している。重光外務大臣が佐藤大使にソ連に和平交渉の可能性を探るように指示した事実は、日本では終戦から六十九年後にようやく確認されたことである。

平成二十六年（二〇一四）八月十四日の『東京新聞』は、「終戦1年3カ月前『対中終結を』重光外相、ソ連仲介構想　新史料で判明」との見出しを掲げてこのことを伝えた。大戦中の外交機密文書は、昭和二十年（一九四五）五月の東京大空襲で外務省庁舎が被災した際に多くが焼失したほか、八月七日に外務省記録文書処理方針に従って機密書類が焼却されたため、ほとんど現存していない。当時、駐モスクワ日本大使館に勤務していた外交官が個人で保管していたため、明らかになったのである。

それによると、重光外相は、東条内閣末期の昭和十九年（一九四四）五月二十五日、外電で佐藤大使に、日ソ中立条約を生かして、ソ連の協力によって中国方面での戦争を終結に導くことが可能かどうか尋ねている。これに対して佐藤大使は六月三日、ソ連が米英両国と連合国として連携していた情勢から、ソ連仲介の実現性は「疑問」と返電したという。

そして、東条内閣総辞職によって小磯国昭内閣が成立すると、重光は外相に留任し、八月十九日には戦争指導大綱で、中国問題解決のためにソ連の力を借りる方針が定められる。先述のマジック報告は八月十一日付であるから、日本の初期の和平工作について、アメリカは逐次詳細を把握していたことがわかる。

次に、九月二十六日付のアメリカの機密文書には、在日スウェーデン公使が駐米イギリス大使に送った電報に説明を加えたものを、コーデル・ハル米国務長官に手渡した次の文章が記載されている。

> 非常に信頼できる筋からの情報によると、日本の有力な民間人のグループのあいだで和平の問題が熱っぽく語られている。遠からずドイツは崩壊するものと見られ、そうなれば、日本が戦争を継続できるとは思えない。したがって、村と町が破壊され尽くす前に可及的速やかに和平を実現することが重要だと考えられる。〔中略〕もしイギリス側にいささかでもその意向があるなら、日本はスウェーデンを通じて予備交渉に入る用意があるだろう。この情報を伝えてきた男の背後には、日本でも屈指の有名政治家がおり、この試みが真摯なものであることは疑う余地がない。

(U.S, Department of State, Foreign Relations of the United States: Diplomatic Papers, 1944, Vol. V, p. 1184.)

アメリカは、日本の外電を傍受して暗号を解読するだけでなく、日本内外に網の目のような情報網を構築していて、民間の動向なども、かなり正確に摑んでいたことが窺える。このように、早くも昭和十九年（一九四四）の夏の時点で、日本がソ連を仲介役として大戦の早期終結のために公式に動いていたことを、アメリカ側は把握していた。

日本側を硬直化させた「無条件降伏」なる言葉

ということは、日本は早期講和を求めているのであるから、アメリカがそのきっかけを用意すれば、日本との戦争を終結させせられるかもしれないと考えるのが自然であろう。しかし、それを難しくしたのが、トルーマン大統領がこだわった「無条件降伏」という縛りだった。「無条件降伏」は、昭和十八年（一九四三）一月のカサブランカ会談で、ルーズベルト大統領が初めて用いた言葉である。この意味については、実際にルーズベルト自身が、枢軸国の国民を破滅させる意味ではないと説明している。

ところが「無条件降伏」は、条件を定めて終戦を実現する方式とは異なり、相手国が無条件で降伏するまで「戦争を継続する」ものであって、「完膚《かんぷ》なきまでに叩き潰す」意味であると日本側に理解された。連合国がこの言葉を使ったことで、かえって日本に「最後まで戦う」と決意させてしまったと見ることができる。「無条件降伏」という終戦条件は、日本に対しては確実に障壁となってしまったのだ。

昭和二十年（一九四五）に入ると、日本の敗勢は誰の目にも明らかとなり、アメリカは日本との戦争をどのように終わらせるかを具体的に検討しはじめた。事態が大きく動いたのは、この年の四月である。アメリカ軍が沖縄上陸作戦を開始したのが四月一日、ソ連が日本との中立条約を破棄すると発表したのが四月五日、日本で鈴木貫太郎内閣が発足したのが四月七日、そして迎えた運命の四月十二日、ルーズベルト大統領が死去し、トルーマン副大統領が大統領の地位に就いた。ヒトラー総統が自殺したのも、その直後の四月三十日である。昭和二十年四月は、世界情勢が転換するような出来事が相次いで起きた月だった。

トルーマン大統領も、就任早々の四月十六日の議会演説で、枢軸国との戦争終結の条件は「無条件降伏」であると明言したうえで、「平和の破壊者とは取引をしない」と言い放った。

トルーマン米大統領(写真提供：ＡＦＰ＝時事)

しかし、そういうトルーマン大統領ですら「無条件降伏」を「完膚なきまでに叩き潰す」という意味では用いていない。ドイツが降伏した際の五月八日の声明で、大統領は日本軍(日本国でないことに注意)が無条件で降伏するまで攻撃を停止しないと述べつつも、無条件降伏とは「日本国民を皆殺しにしたり、隷属させたりすることではない」と説明している。

だが、当時の日本の政府と統帥部は「無条件降伏」をそのような意味としては理解しなかった。無条件降伏とは、国を明け渡すことであって、これを受諾したら、国家は解体され、天皇は処刑され、国民は奴隷に貶《おとし》められると理解されていた。そのため、日本としては無条件降伏を受け入れるつもりはなかった。日本は「国体護持」、つまり「天皇の地位の保障」を条件に戦争を終えることを模索していたのであって、「天皇の地位の保障」なく降伏する可能性は万に一つもなかった。アメリカ大統領の「無条件降伏」という表現は、日本を確実に硬直化させてしまった。

日本では昭和二十年（一九四五）になると、首脳とその周辺が受諾可能な降伏条件を水面下で検討しはじめた。のちにポツダム宣言が発せられてからは、終戦条件について激しい論争があり、武装解除の方法、占領を受けることの可否などにこだわりを持つ一派もいた。しかし、絶対条件は「天皇の地位の保障」であるという一点に、疑問を差し挟む者はいなかった。

そして昭和二十年の夏の段階で、アメリカの国家指導者たちは、日本の首脳が、天皇の地位の保障に並々ならぬこだわりを持っていることを知っていた。天皇の地位が保障されないかぎり、日本は降伏を受け入れないし、それどころか、日本人は最後の一人になるまで戦うというのが、大統領に勧告を与える立場にあった高官たちの、ほとんど共通した意見だった。

アメリカ国民が望んでいたのは「完全な勝利」

アメリカの最高首脳がそのように悟ったのは、綿密な日本分析の結果である。彼らはこれまでの日本人の戦いぶりをつぶさに見てきた。特に、硫黄島の戦いはアメリカにとって大きな衝撃となったようである。この戦闘で、約二万二〇〇〇人からなる日本の守備隊は全滅したが、米軍は島嶼《とうしょ》戦で初めて敵よりも多くの死傷者を出した（死者数では日本のほうが上回る）。また米軍は当初、三日で硫黄島を陥落させるつもりでいたところが、実際には三十日経っても落とすことができなかった。日本軍は負け戦でも降伏することはなく、投降した兵隊も皆無に近かった。そして、ほとんどの日本兵は死ぬまで抵抗した。

アメリカの海兵隊の一人は「俺たちを頼むからあんな狂った島々にこれ以上は行かせないでくれと神に祈った」と言ったというが、これは日本人の戦い様が、どれほど米兵たちに恐怖感を植えつけたかを示す一例である。

そして、このような日本人の戦い様は、硫黄島に限らず、それ以前の南方各地での戦線でも、その後の沖縄戦でも見られた。レイテ沖海戦で初めて神風特別攻撃隊が特攻を敢行したことも、米軍高官に大きな衝撃を与えたという。そのため、アメリカの国家指導者たちは、日本の降伏を引き出すには「無条件降伏」を求めるのではなく、条件を緩和して、天皇の地位を保障する必要があると認識していた。

もし天皇を退位に追い込もうとすれば、日本人は最後まで戦うであろうという指摘は、かなり早い段階から見られた。たとえば、マッカーサー元帥率いる南西太平洋司令部が昭和十九年（一九四四）七月一日付でまとめた研究報告は、次のように明記している。

天皇を退位や絞首刑に処すれば、すべての日本人が途轍《とてつ》もなく暴力的な反応に走ることになるだろう。彼らにとって、天皇の絞首刑はわれわれのキリストのはりつけに匹敵する重大事なのだ。日本人の全員が玉砕する道を選ぶことになるだろう。そして、帝国主義者の立場は計り知れないほど強化されることになる。戦争は不当に長引くことになり、我が軍の損害も必要以上に大きくなる。

（"Answer to Japan" Booklet, pp. 22-23, Box 2, Lilly Papers, JCS Historical Office, RG218, NA.）

このような分析ができていたにもかかわらず、また、トルーマン大統領が「無条件降伏」を文字どおり「敵が無条件で降伏するまで戦争を止めない」という意味で捉えていなかったにもかかわらず、それでも大統領が「無条件降伏」という言葉にこだわったのには理由があると思われる。それは、アメリカ国民へのポーズではなかったか。

昭和二十年（一九四五）六月に行なわれたギャラップ世論調査によると、アメリカが日本を占領せずに条件を付して降伏を容認すべきか、敵を完全に打ち負かすまで戦争を続けるべきかという質問に対して、約九対一の割合で「完全な勝利」が支持されている。

アメリカ政府は、国民の真珠湾攻撃への恨みを煽って戦争に邁進してきた。アメリカ国民は日本を恨んでいて、大統領には日本を叩き潰すことを望んでいた。このギャラップ世論調査でもそれが裏づけられる。もし大統領が「完全な勝利」をめざさないのであれば、国民からの支持を失い、最悪の場合は失脚することも考えられたであろう。「無条件降伏」というのは、国民受けのよい言葉だった。

つまり、大統領は「完全な勝利」を望む国民と、「日本人は最後の一人になるまで戦う」と信じられていた日本に対して完全な勝利を収めることとの困難性とのあいだで、板挟みになっていたと思われる。

そこで国民に対しては「平和の破壊者とは取引をしない」と宣言し、あくまでも「無条件降伏」をめざすと言いつつ、実際は、日本国家を破壊し日本国民を隷属させる意図がないことを相手にわからせ、天皇の地位を認めることなどによって日本が降伏しやすい環境を整えることを検討していた。だが、トルーマン大統領の「無条件降伏」へのこだわりが、終戦を遅らせることにつながったことは否めない。

「天皇の地位の保障」を進言した高官たち

どの時期に、どのような内容の声明を発表すべきかは、不確定要素も多く難しい問題だったが、条件を緩和して「天皇の地位を保障する」という声明を出すことで、確実に日本を降伏に導くことができるというのは、アメリカの国家指導者たちの一致する意見だった。

昭和二十年(一九四五)五月二十九日に傍受されたマジック報告によると、ソ連のモロトフ外務大臣が佐藤駐ソ大使に、戦争の終結について訊《たず》ねたのに対し、佐藤は「日本はソ連に倣《なら》い、できるかぎり早く戦争を終わらせたいと願っている。しかし、太平洋戦争は日本にとって生死の問題であり、また、アメリカの姿勢ゆえに、戦闘を継続せざるを得ない」と答えている(MAGIC, No.1163, June 1, 1945, RG457, NA.)。

「アメリカの姿勢」というのは、「無条件降伏」をめざすアメリカの姿勢を指すと思われる。日本は早く戦争を止めたいが、アメリカが無条件降伏にこだわるのであれば、それが原因で戦争を止めることができないという。しかも、これは駐ソ日本大使が公式にソ連側に伝えたものであり、日本政府の考えを反映させたものと考えられる。

アメリカはこのような日本政府の声を聞いていただけではない。大統領に勧告を与えるアメリカの国家組織や国家指導者たちは、彼らの考える「無条件降伏」の意味を明確に説明した講和条件を日本に示すことで、早く講和を実現できる可能性が高いと大統領に進言していた。たとえば、昭和二十年四月二十五日付のアメリカの統合参謀企画部がまとめた報告書「太平洋戦略」は、次のように述べている。

この戦争において、これまでのところ日本軍の部隊が組織として降伏した例はない。日本人の気質に「無条件降伏」という考え方はまったく馴染まないのだ。〔中略〕したがって、「無条件降伏」は日本人に理解できるように規定すべきである。滅亡や国家の自殺は含意されていないことを日本人に納得させなくてはならない。そのためには、将来がどうなるのかを「意図の宣言」という形で、政府レベルで日本人に通告するのがよいだろう。〔中略〕日本人が受け入れられるように無条件降伏を規定できないかぎり、全滅に代わる選択肢はなく、完全な敗北の脅威が降伏につながる見通しもない。

(JCS 924/5, "Pacific Strategy", April 25, 1945, "ABC 384 Pacific〔1-17-43〕, Sec. 9", Entry 421, RG 165, NA.)

その他、昭和二十年（一九四五）四月十八日付の合同諜報委員会の報告書も、連合国の意図を明確にすることで日本本土への侵攻を経ずに、日本は降伏するだろうと結論しているし、統合参謀本部も降伏要求の素案作りに着手し、五月十二日に「無条件降伏」は日本軍に対して適用されるもので、天皇の権威に及ぶものではないと明言すべき、という結論

ジョセフ・グルー国務長官代理
（写真提供：時事通信社）

に達した。

また、五月二十八日にはハーバート・フーバー元大統領がトルーマン大統領と会談し、反軍国主義者の鈴木貫太郎が総理大臣に任命されたこと、日本は既に水面下で講和を求めていることなどを述べて、今、講和を結ぶ時機が到来しているとし、日本国民や日本政府を撲滅する意図はないと明確に伝えるべきだと提言した。

そして、トルーマン大統領がこの提言をスチムソン陸軍長官に回覧させたところ、それを

検討した参謀からこれを肯定する意見が寄せられ、マーシャル元帥も意見に同意すると大統領に伝えた。

さらには駐日アメリカ大使を経験し、知日派で知られるジョセフ・C・グルー国務長官代理も、昭和二十年(一九四五)五月二十八日にトルーマン大統領に話したことを次のように自著に書き記している。

日本が無条件降伏を受け入れるに際しての最大の障害は、そのことによって天皇が永久に排除され、国体が破壊されることになるのではないかという日本人の信念だ。完膚なきまでに打倒され、将来の戦争を引き起こすことができなくなった時点において、将来の政治体制を自ら選ぶことができるのだと知らせてやることができれば、日本人も何とか面目を保てることになる。さもなければ、降伏はほとんどあり得ない。

(Joseph C. Grew, Turbulent Era: A Diplomatic Record of Forty Years, 1904-1945, Vol. II,1952, pp. 1429-1431.)

またグルー国務長官代理は、そのような声明が東京大空襲の直後に発表されれば最大の効果が発揮されたであろうと大統領に語っている。グルーは、講和は遠い将来の話ではなく、既に妥結可能な時機が到来しているとの見解を示したに等しい。

それでもトルーマンは側近の提案を退けた

このように、「無条件降伏」の意味を明示して、天皇の地位を変更する意図がないことを講和条件のなかに盛り込んで発表すべきである、と各方面から繰り返しトルーマン大統領は勧告された。そうすれば日本は降伏するであろうというのは、大統領に勧告を与える立場にある当時の国家指導者たちの、ほとんど共通する見解だったといえる。しかも、天皇を残すことは戦後の秩序維持に寄与するだけでなく、共産化防止にも重要な役割を果たすと期待すらされていた。

「天皇の地位を保障する」と日本に伝えるだけで講和が実現するなら、こんなに楽なことはないはずだ。ではなぜ、それが実行されなかったのであろうか。

グルー国務長官代理が中心となって進めたこの条件緩和策は、一種の宥和《ゆうわ》政策であり、国民が熱烈に支持する、日本を叩き潰すという意味での「無条件降伏」と相反するものであった。それが、トルーマン大統領が側近たちからの提案を退けた理由の一つと思われる。

繰り返すが、前出の昭和二十年（一九四五）六月のギャラップ世論調査からわかるように、国民の九割は「完全な勝利」、つまり日本と交渉せず日本を打倒することを望んでいた。ゆえに大統領が「無条件降伏」から「条件緩和」に政策を変更させたと見られたら、国民の支持を失う危険があったのだ。

また、アメリカが宥和政策をとることで、日本側から「アメリカは弱腰になっている」と見られる可能性もあり、そうすると徹底抗戦を主張する軍の影響力が強化され、余計に終戦が遠のくという見方も可能であった。

宥和政策にもこのような問題があり、宥和政策に賛成の立場をとるスチムソン陸軍長官ですら、「すぐに」降伏条件緩和の声明を発表することには、反対だったのである。

第四章 トルーマンの手中にあった四つの選択肢

アメリカが進めていた極秘計画「S－1」

第三章で見たように、戦争の終盤期、アメリカの国家指導者たちは、日本人が想像している以上に、日本の状況を熟知していた。アメリカは大きな国力と圧倒的戦力によって連戦連勝を重ね、日本の降伏もいよいよ時間の問題と考えられていた。しかし、どのように戦争を終結させるかは難しい問題としてのしかかっていた。戦争の終わらせ方によっては、戦後の国際社会の勢力図がまったく異なったものになり得るからである。

アメリカの国家指導者たちのほとんどは、日本が降伏に応じやすい条件を整えるべきであるという宥和政策を推したが、一握りの強い影響力を持つ高官は、宥和政策に反対意見を述べた。しかし、トルーマン大統領が最終的に条件緩和の宥和政策を退けたのは、実はもっと別の、決定的な理由があったと思われる。それは、極秘で進められていたある秘密計画と深い関係があったのではないか。ただでさえ戦争の幕引きは難しいが、その政策判断をさらに困難にする要素となったのが、その秘密計画である。それによってアメリカ大統領は、日本を降伏させるのに新たな選択肢を一つ手にすることになる。

第四章では、大統領とその周辺の高官たちが、状況が刻々と変化するなか、どのように対立、協調し、どのような価値観に基づいて政策を決定していったのか、そこで大統領が握る四つの選択肢が絞られていく経緯を論じていく。

トルーマン大統領は昭和二十年（一九四五）五月、対日戦争の終結の方法について非公式で検討するように指示した。これを受けて五月二十九日に、スチムソン陸軍長官、フォレスタル海軍長官、マーシャル参謀総長、グルー国務長官代理など七名の高官が集まって議論したことがわかっている。この非公式の会議では、アメリカには将来の日本の国家統治の体制を決める意思がないことを、大統領が演説で明言すべきかが討論された。

この会議に出席したグルー国務長官代理の回顧録、スチムソン陸軍長官の日記、フォレスタル海軍長官の日記などによると、この会議では、大統領がそのような声明を発することには賛成だが、「ある公にできない軍事的な理由から」、今それを発表するのは時期として適切ではないということで意見が一致したという。スチムソン日記によると、「ある公にできない軍事的な理由」とは、「Ｓ－１」のことを意味するという。「Ｓ－１」とは、科学研究開発局（ＯＳＲＤ）第一課（Section one）の略号で、同課は核エネルギー開発を任務としていた。つまり「Ｓ－１」とは「原子爆弾」を示す暗号だったのである。この会議には、マンハッタン計画（原子爆弾開発計画の暗号）の情報を開示してはいけない高官も含まれていたため、スチムソンなどは「ある公にできない軍事的な理由」という、奥歯に物の挟まったような言い方をしたのであった。

つまり、その時期は原子爆弾開発計画である「マンハッタン計画」が完了間近まで進んでいたため、その状況を考慮しながら、日本への声明を発表する時期を決定しなくてはならないとされたのである。

原子爆弾の使用は、日本へ降伏条件を伝える声明を発表することと並んで、日本を降伏させる選択肢の一つと考えられていた。声明を出して日本が拒否した時に原子爆弾を使用するか、声明を出さずに原子爆弾を使用するか、あるいは原子爆弾を使用せずに戦争を終わらせるかなど、様々な方法が取り得た。この会議の出席者たちが、原子爆弾を考慮せずに、声明を発表する時期を決めることができなかったのは、むしろ当然といえよう。

他方、原子爆弾の使用については別に議論が進行していた。マンハッタン計画の内部では、その関係者に、原子爆弾投下を担当する第二〇空軍の関係者を加えて、原爆を投下する目標を検討する「目標検討委員会」が設置された。また、トルーマン大統領はスチムソン陸軍長官の下に、原子爆弾に関する政策を諮問《しもん》する「暫定委員会」を設置。大統領特別代表として暫定委員会に参加したジェームズ・F・バーンズは、実質的に暫定委員会を仕切った人物で、七月に国務長官に就任することになる。この時期、既にバーンズは大統領にもっとも影響を与える存在となっていた。バーンズは、暫定委員会は原子爆弾の使用方法についても諮問すべきと考えていた。議事録は次のように記述している。

バーンズ氏は次のように陸軍大臣が勧告すべきであると提言し、委員会はこれに合意した。〔中略〕目標の最終選択は基本的に軍の決定に委ねるものと理解するものの、委員会の現在の見解は次のとおりである。爆弾は可能なかぎり迅速に日本に対して使用されるべきであり、それは労働者の住居に囲まれた軍需工場に対して使用されるべきであり、かつ事前警告は行なわずに使用されるべきである。

(Notes of Meeting of the Interim Committee, June 1, 1945, Miscellaneous Historical Documents Collection, p. 8-9.)

この日、バーンズ特別代表がトルーマン大統領に暫定委員会の結論を伝えると、大統領はその結論と自分の意見が一致すると述べたという。陸軍長官が議長を務める大統領諮問機関の結論に、大統領が自ら同意を与えたことには重大な意味がある。それは、トルーマン大統領が日本に対して原子爆弾を使用することを決定した瞬間だった。

ところが、奇妙なことに暫定委員会の議事録を眺めても、原子爆弾を使用すべきか否かを審議した形跡はない。暫定委員会は原子爆弾を使用する場合の、その使用方法を審議して大統領に勧告しただけだった。

では、日本に対して原子爆弾を使用することは、一体誰が大統領に勧告したのであろうか。今のところ、大統領に原子爆弾の使用を勧告したことを示す資料は見出すことができない。いうならば、日本への原子爆弾の使用が決定されたのは、昭和十九年(一九四四)九月十八日にルーズベルト米大統領とチャーチル英首相とのあいだで締結されたハイドパーク協定だった。同協定は、原子爆弾が開発されたら日本に使用することを決めた秘密協定である。

恐ろしいことに、ハイドパーク協定以降、アメリカ国内で公式に原爆使用の是非を討議した記録はない。しかも、広島と長崎への原爆投下を命じた大統領の書面も存在していない。現在のところ、研究者たちのあいだでは、原爆投下の命令はトルーマン大統領からスチムソン陸軍長官などへ口頭で行なわれたと理解されている。したがって、ルーズベルト大統領が原子爆弾の「使用の可否」を公式に決めたのはハイドパーク協定であり、後任のトルーマン大統領が原子爆弾の「使用方法」を公式に決めたのは、暫定委員会の勧告を受けて同意を与えた六月一日だったことになろう。原子爆弾の「使用の可否」についてトルーマン大統領は、前大統領の決定をそのまま継承し、自政権下で公式に再検討することなく使用に踏み切ったのである。

ということは、日本に原子爆弾を使用すること自体は昭和十九年（一九四四）九月に、またその使用方法は昭和二十年（一九四五）六月に決定していたことになる。つまり、日本に降伏条件の緩和を伝える声明（のちのポツダム宣言）を出し、それに対して日本がどう反応するかの如何《いかん》にかかわらず、日本への原子爆弾の投下は既に決定されていたのだ。

核実験の日まで延期されたポツダム会談

またそのことは、トルーマン大統領が、日本への声明を発表する時期を遅らせようとしたこと、そしてポツダムでの三国首脳会談の時期を遅らせようとしたこと、さらに日本への声明に「天皇の地位の保障」を明記することを最後まで拒んだことから明らかである。

先に述べたように、「無条件降伏」の意味を明示して、天皇の地位を変更する意図がないことを講和条件のなかに盛り込んで発表すれば日本は降伏するであろうというのは、大統領に近い高官たちの、ほとんど共通の見解だった。五月二十九日に行なわれた高官七人による話し合いでも、時期こそ見送られたものの、講和条件緩和の声明を発表すべきことで意見が一致していた。

その後、アメリカの国家指導者たちのあいだでは、声明は沖縄陥落に合わせて発表されるべきと考えられていた。実際にステティニアス国務長官、グルー国務長官代理、統合参謀本部などは、沖縄陥落のあとに声明を発表すべきである、と大統領に勧告している。

しかし、それにもかかわらず、日本への声明を発表するのは、七月中旬にポツダムで行なわれる三国首脳会談まで延期されることになってしまう。そのように決まった経緯や、誰がそれを大統領に勧告したのかは、今のところよくわかっていないが、七月に国務長官に就任したジェームズ・F・バーンズの影響によると思われる。

強烈な対日強硬路線をひた走るバーンズ国務長官は、当時、大統領にもっとも強い影響を与える人物だった。また、大統領が「完全な勝利」から宥和政策に舵《かじ》を切ることで、国民から支持を失うことを危惧していたのもこの人物だった。大統領に助言を与える立場にいる高官のなかで、宥和政策に反対だったのは、バーンズ国務長官ただ一人だった。そして、大統領は最終的に、宥和政策を訴える高官たちの勧告を退け、対日強硬派のバーンズの勧告に従うことになる。

グルー国務長官代理は、声明の延期に懸念を表明した。グルーは、声明を発表してから日本がこれに対する態度を決定するまで、時間がかかるものと考えていた。史実でもそうだった。ポツダム宣言が出されてから、日本ではその解釈をめぐり、政府と統帥部の内部で膨大な議論が戦わされ、大混乱に陥って結局、収拾がつかなくなった。そのことを予測していたグルーは、声明は早い段階で発表されなくてはならないと考えていた。

ジェームズ・バーンズ米国務長官
（写真提供：Images／時事通信フォト）

そこでグルー国務長官代理は、六月十八日にトルーマン大統領に直接、早期に降伏条件を緩和する声明を発表すべきと進言した。だが、大統領はその意見を採用せず、日本への声明をポツダムでの三国首脳会談の議題に入れるよう、グルーに指示した。

しかもポツダム会談は、未解決の争点を解決するため、イギリスから再三にわたり早期開催を求められていたが、トルーマン大統領は、会計年度の関係で議会が多忙であるとの口実により、意図的に時期を一カ月以上遅らせた。それは、トリニティー実験（初の核実験）が七月中旬に行なわれる予定であったため、その実験の成否を見極めてから、ソ連のスターリン書記長と会いたいという政治的意図があったからとされる。

チャーチル首相とスターリン書記長は、いずれも経験豊富で剛胆な国家指導者である。選挙の洗礼を受けることもなく、成り上がり式に大統領に就任したばかりのトルーマンにとっては、少しでも有利な状況で会談に臨みたいところだった。原子爆弾の完成は、アメリカがアジア・太平洋戦線を終結させる主導権を握ることを意味するため、トリニティー実験の成功は、自分の立場を強めると信じられた。

先述のとおり、アメリカの国家指導者たちは、「天皇の地位を保障する」と明記した講和条件を発することで、日本は降伏すると考えていた。このことは「原子爆弾を使用せずに日本を降伏させられる」というのが、アメリカの国家指導者たちの共通の見解であったことを示している。ではなぜ、それにもかかわらず、日本へ声明を出す時期が七月二十六日のポツダム宣言の時とされたのか。

その答えは、原子爆弾の完成が間近に迫っていたため、今、声明を発表して日本が降伏してしまったら、原子爆弾を使用する機会が失われると考えたからと思われる。このことは、アメリカにとって日本との戦争を終わらせるためには四つの選択肢があったが、状況が刻々と変化しても、トルーマン大統領は常に原子爆弾を使用する選択肢を最優先したことからも明らかだ。

優先された選択肢は「原爆投下」と「ソ連参戦」

日本との戦争を終わらせるための四つの選択肢とは、A案「原爆使用」、B案「ソ連参戦」、C案「降伏条件緩和の声明」、D案「本土侵攻作戦」である。D案の本土侵攻作戦は多くの米兵の犠牲者が生じるため、最悪の選択肢として留保されていた。そして、既に示したように、アメリカの国家指導者たちのほとんど統一した見解は、C案を早期に実施することが最良の策というもので、そのことを大統領に勧告していた。しかし大統領は、C案よりも常にA案「原爆使用」とB案「ソ連参戦」の選択肢を優先させたのである。

そのことは、次の事実からも明らかである。日本が終戦を望んでいることを示す確実で決定的な証拠を得ても、トルーマン大統領は、なお原子爆弾を使用する方針を変更しなかった。その証拠とは次のマジック報告である。

昭和二十年（一九四五）七月十三日付のマジック報告は、東郷茂徳《しげのり》外務大臣が七月十二日に、早期終戦を望む天皇の意思をソ連のモロトフ外務大臣に伝達するよう、佐藤尚武駐ソ大使に伝える電報を傍受したことを報告した。

天皇陛下は、現今の戦争が日々、全ての当事国の国民に、より大きな災いと犠牲をもたらしていることに配慮なさり、心より早期終戦をお望みになっていらっしゃる。〔中略〕右に述べた声明を盛り込んだ親書を近衛閣下に託し、特使としてモスクワへ派遣するというのが陛下の意向である。このことをモロトフに知らせ、一行の入国についてロシア〔ソ連〕の同意を取り付けられたし。（MAGIC, No.1205, July 13, 1945, RG 457, NA.）

近衛文麿元首相が昭和天皇から特使に任命されたのは七月十二日のことで、外務省からモスクワの日本大使館を通じて、特使を派遣することをソ連政府に打診したのも史実である。

このようにアメリカは逐次、日本の状況を正確に把握していた。

天皇が戦争終結に向けて自ら具体的に動き出したというのは、アメリカにとって極めて重要かつ衝撃的な情報であり、激震が走った。これは天皇による公式な動きであり、しかも内容も明確である。これまで日本は和平を打診する動きをたびたび見せてきたが、この情報は、それらとは次元のまったく異なるものだった。このマジック報告は、日本の最高首脳である天皇が戦争終結を決意し、そのための行動に着手したことを何よりも明確に示すものだった。

この情報を受けて、フォレスタル海軍長官は七月十三日付の日記に「日本人が戦争を終わらせたがっているという本物の証拠が初めて手に入った」と書き記し、また海軍の太平洋戦略情報部の七月十四日付報告書は、「この動きが『天皇の意向』の表れであると述べられている事実は重大な意味を持つように思われる」と明記している。

陸軍の首脳も同じような反応を示した。スチムソン陸軍長官は七月十六日付の日記に「日本の和平工作に関する重要な報告を受け取った」と記し、またマクロイ陸軍次官補も七月十六日付の日記に「裕仁自身がカーリーニンとスターリンに親書を送るように求めている。やっと動き出した。あのパールハーバーのニュースを聞いた日曜日の朝から、本当に長い道のりだった!」と書いた。

そして、スチムソン陸軍長官は、ポツダムに到着したばかりのトルーマン大統領に、天皇が和平を願っていることがわかった「今こそ警告を発する時」であり、ポツダム会談の期間中に、陸軍省が準備して国務省と海軍省が承認を与えた草案に沿って、日本に通告する警告をまとめるように要請した。その草案には、天皇の地位を保障する文言が含まれていた。スチムソンは、降伏条件を緩和して天皇の地位を保障する旨を表明すれば、直ちに日本は降伏すると考えていた。

当然、トルーマン大統領も、この重大な電文のことを承知していた。七月十八日付の直筆の日記に「和平を求める日本の天皇からの電報」と書かれている(Truman, Off the Record, ed. Ferrell, 1980, p. 53.)。

「和平を求める天皇からの電報」はなぜ無視されたか

にもかかわらず、トルーマン大統領は降伏条件を緩和して、日本と早期に和平を実現させようとはしなかった。それどころか、大統領が原爆使用を回避する努力をした形跡は見られない。大統領は、原爆使用の可否を再検討する機会を設けなかったばかりか、側近たちに意見を求めることもなかった。

もしトルーマン大統領が、原子爆弾の使用を回避しようと考えていたなら、「天皇が和平を求めて動き出した」という情報に注目するはずである。だが、大統領はこの情報にさほど興味を示さなかったようだ。大西洋を渡る船上の大統領にとって最大の関心事は、トリニティー実験が成功するか、また二番目に大きな関心事は、スターリンからソ連参戦の確約がとれるかどうかだった。

人類史上最初の核実験であるトリニティー実験が実行されたのが七月十六日の午前五時半。そして七月十七日のポツダム会談が始まる直前、トルーマン大統領にトリニティー実験が成功したと伝えられた。電報には「今朝手術が行なわれた。診断はまだ完全には下せないが、概ね満足のいくものであり、既に予想以上だ」と書かれていた。スチムソン陸軍長官は、その報告を受けたトルーマン大統領とバーンズ国務長官は「大喜びであった」と日記に記している。

日本が和平に動き出した事実と、アメリカが原爆開発に成功した事実を前にしたトルーマン大統領は、日本と早期に講和することより、日本に早く原子爆弾を使用することを選んだのである。

あるいは大統領は、「天皇の行動は無意味だ」と、心のなかで哀れに思ったかもしれない。なぜならソ連が日本との和平の仲介役をしないと知っていたからである。

ソ連は欧州でのドイツとの戦争に勝ってからというもの、日露戦争でロシア帝国が失った権益を取り戻そうと考えていた。そこでソ連のスターリン書記長は、昭和二十年（一九四五）二月のヤルタ会談で、対日参戦の条件として、アメリカのルーズベルト大統領に、南樺太と千島列島の領有を認めさせ、ドイツ降伏から三カ月で対日戦に参戦することを約束する秘密の協定に調印していた。ソ連は対日参戦をすることを既に決めていたのであるから、日米間の和平交渉の仲介役を引き受ける可能性はないに等しかった。結局、ソ連を仲介役とする和平交渉は実ることがなかった。

トルーマン大統領には、日本を降伏させるための四つの選択肢があったと述べた。A案「原爆使用」、B案「ソ連参戦」、C案「降伏条件緩和の声明」、D案「本土侵攻作戦」である。そのうちA案は、これまで不確実であったが、トリニティー実験が成功したことにより、確実な選択肢となった。ポツダム会議の開催日程を一カ月ずらしてでも、原爆実験の成否を見届けようとしたのは大統領自身であった。トリニティー実験の成功で、いよいよ原爆投下の選択肢が最優先となったといえる。

トルーマン大統領は、ポツダム会談でスターリン書記長が対日参戦を確約することを期待していたが、それはB案「ソ連参戦」をA案「原爆使用」の滑り止めと考えていたからだと思われる。万一、アメリカが原子爆弾の開発に失敗した場合は、ソ連参戦によって日本は直ちに降伏すると大統領は考えていた。当然、原爆投下とソ連参戦が重なれば、日本の降伏はより確実なものになる。

「ソ連参戦」にアメリカが魅力を感じた理由

しかし、トリニティー実験が成功しても、B案の魅力が薄れることはなかった。その理由は二つある。一つは、いくら実験が成功したとはいえ、必ず実戦で成功するとは限らないからである。投下してみても、不発だったということもあり得る。そのため、トリニティー実験が成功したとしても、滑り止めのB案は依然として確保しておく必要があった。

昭和三十年（一九五五）に出版された回顧録で、トルーマンは、ポツダム会談に行く直接的な目的が、「できるだけ早くロシアを対日戦争に参戦させることだった」としたうえで、

「もし〔原子爆弾の〕実験が失敗するようなことがあれば、我が軍が物理的に日本を征服せざるを得なくなる前に降伏を引き出すことがなおさら重要になる」と記していることからも明らかである（Truman, Year of Decisions, 1986, pp. 322-323, 417.）。

そしてもう一つの理由は、A案「原爆使用」にとってもっとも深刻かつ本質的な問題であった。原子爆弾を投下しても日本は降伏しないかもしれないという問題である。

大統領を補佐する立場にいた高官の多くは、原子爆弾を投下しても日本は降伏しない可能性が高いと考えていた。トルーマン大統領が声明の延期を決定した六月十八日は、昭和二十年（一九四五）三月十日の東京大空襲から三カ月が経過していたが、首都の大半が焼き払われたにもかかわらず、日本はそれにより降伏する気配を見せなかった。

しかも、都市爆撃は東京に限らず、日本全国の都市が対象とされ、大阪、名古屋、福岡などの大都市はもとより、その対象は中小都市にまで拡大し、結局、原爆投下の直前の段階では、日本の六六の都市が爆撃で焼かれることになる。ということは、原子爆弾で地方都市の一つか二つ（しかも六七番目と六八番目）を消滅させたところで、同じように日本の降伏につながらない可能性が高いと判断されたのである。

また、さらに戦況が悪化した七月一日時点でも、マッカーサー元帥率いる南西太平洋司令部がまとめた研究成果には、次のように記述されている。

輸送能力に対する重大な攻撃と中部および南西太平洋における戦局の逆転にもかかわらず、今日、天皇と軍幹部、軍全体と全国民は一つにまとまっており、最後の勝利または死に至るまで戦い抜く覚悟だ。〔中略〕兵士たちは戦場で狂信的な行動を示し、人々は必要とあらば自爆をも辞さない不屈の精神で戦闘を続けている。

（"Answer to Japan" Booklet, pp. 22-23, Box 2, Lilly Papers, JCS Historical Office, RG218, NA.）

このように、いくら激しい都市爆撃を受けても、日本軍が戦闘意欲を失うことがないため、たとえ原子爆弾を投下しても、それは日本が降伏する理由にならないかもしれない、とアメリカの国家指導者たちは危惧していた。そして、実際に広島と長崎に原子爆弾が投下されても、そうであった。史実はのちに検討することとして、ここでは、大統領周辺が七月時点において、原爆投下が日本に降伏をもたらさない可能性が高いと認識していた点を押さえておきたい。

だからこそ、ソ連参戦が必要だったのである。たとえ原子爆弾を投下しても日本が降伏しない場合は、ソ連が参戦すれば確実に日本は降伏すると信じられていた。たとえば、合同諜報委員会が昭和二十年（一九四五）四月二十九日付で統合参謀本部に提出した意見書には、空と海の封鎖が効果を上げていて、本土爆撃も続き、ドイツが降伏した状況を述べたうえで、「前出の要因に加えて、ソ連が参戦することになれば、大半の日本人は完全な敗北が避けられないと直ちに悟るだろう」とある（JCS Info Memo 390, "Unconditional Surrender of Japan", April 29, 1945, "ABC 387 Japan〔15 Feb. 1945〕, Sec. 1-A,"）。

戦後、アメリカ陸軍省が行なった戦略爆撃調査の報告も、「日本の指導者は降伏する腹を固めていた。日本が敗戦したこと、連合国に降伏しなくてはならないことを、頑迷な陸軍グループに納得させる適当な口実を探していたに過ぎない。ロシアの参戦はほぼ間違いなくその口実になり得ていただろうし、責任ある指導者らに降伏が不可避であることを納得させる材料として不足はなかっただろう」とし、原爆を使用せずとも「日本がロシアの参戦をきっかけに降伏していただろうことは、ほぼ間違いない」と述べている（Memorandum for Chief, Strategic Policy Section, S&P Group, OPD, Subject: Use of Atomic Bomb on Japan, April 30, 1946, Atom〔17 August 1945〕Sec. 7）。

ゆえに、原子爆弾の開発に失敗した場合、原子爆弾を投下しても不発だった場合、原子爆弾を投下しても日本が降伏しない場合、という三つのいずれかの事態が生じたら、ソ連参戦によって日本を確実に降伏に追い込む必要があり、ソ連参戦はそのような事態が生じた時のための保険のような役割を期待されていたのである。そのため、途中の段階まで、ソ連参戦は大統領にとって大きな魅力があった。

そして日本の未来を決定する話し合いの舞台はいよいよポツダムに移され、イギリスとソ連を巻き込んで、鋭い火花を散らすことになる。

ポツダム会談中に人格が変わったトルーマン

ポツダム会談は、大戦の戦後処理を決めるために、ドイツ・ベルリン郊外のポツダムで開催され、アメリカ、イギリス、ソ連の連合国三大国の首脳が参加した。昭和二十年（一九四五）七月十七日から八月二日まで、実に十七日間の長きにわたったこの会議では、多くの複雑な問題を審議しなければならなかった。

連合国は、ナチス・ドイツを共通の敵とする軍事同盟で、米英は共産主義を標榜するソ連とは思想的に対立するものであり、本質的に不安定な同盟といわざるを得ない。ヨーロッパでの戦争が終わりに近づくと、共通の敵が失われるため、もともと不安定な軍事同盟の内部で、様々な対立が生じるのは当然である。

既に昭和二十年（一九四五）二月に行なわれたヤルタ会談で、ポーランドの扱いについて連合国内で厳しい意見の対立があり、それが曖昧に終わったこともあって、ポツダム会談ではヨーロッパの戦後処理問題は難航を極めると予測されていた。主要な議題はヨーロッパの問題であって、対日戦争の終結は数ある議題のうちの一つに過ぎなかった。そのなかで、アメリカの最大の関心事は、ソ連の対日参戦の確約だった。

ポツダム会談直前に、トリニティー実験が成功したことを知ったトルーマン大統領は、ソ連に対して優位に立てる自信を持って会談に臨んだ。七月十七日の正午、スターリン書記長がトルーマン大統領を訪問した。二人が顔を合わせるのはこの時が初めてだった。

この会談の席で、スターリンは、トルーマンがもっとも望んだことを口にした。ソ連は八月中旬までに対日参戦できるようになるが、その前に中華民国との交渉を終えて条約を結ばなくてはならないと述べたのだ。

そして、トルーマン大統領はその日の日記に「彼は八月十五日に対日戦争に参戦する。そうなったらジャップも終わりだ」と書き記した（Truman, Off the Record, p. 53.）。文面からは、大

ポツダム会談に臨む（左から）チャーチル英首相、トルーマン米大統領、スターリンソ連共産党書記長（写真提供：dpa/時事通信フォト）

統領は「ソ連参戦」によって（「原爆投下」ではなく）日本が降伏する確信があったと読み取れるが、原爆投下とソ連参戦の二つが重なることで日本の降伏は必至という意味の可能性もある。しかし、大統領は、少なくともソ連参戦が日本降伏に決定的な影響を及ぼすことを確信していたといえよう。

またトルーマン大統領は、この日、妻のベスに次のような手紙を送った。

私はまったく怖かった。ホイル規則集（トランプゲームの規則集）のようにいくのかどうかわからなかった。しかしはじめの一歩が踏み出された。そして私はここにきた目的を達した。スターリンは八月十五

トリニティー実験で爆発する原子爆弾（写真提供：ＡＦＰ＝時事）

日に何の条件もつけずに戦争に参加する。戦争はこれで一年以内に終わるであろう。これでアメリカの兵隊が死ななくて済む。これが重要な点だ。
（Truman, Dear Bess: The Letters from Harry to Bess Truman, 1910-1959〔New York, 1983〕, p. 519.）

戦争が終わる原因は、ここでもやはり「原爆投下」ではなく、「ソ連参戦」となっていることに注目しておきたい。やはり、ソ連参戦によって日本が確実に降伏することは、大統領を含め周辺の高官たちが信じて疑わないことだった。

しかし、トルーマン大統領のもとに、トリニティー実験の結果の詳細が届くと、大統領の考え方に変化が起きる。

翌七月十八日午前、トルーマン大統領は、トリニティー実験に関する新たな情報を受け取った。原子爆弾が爆発した時の光は四〇〇キロメートル先からも見ることができ、その轟音は六〇キロメートル先からでも聞こえたという。これまでは「満足のいくもの」「予想以上」といった抽象的な情報しか得ていなかったが、この日の情報は、原子爆弾の威力を直感的に大統領に理解させるものだった。

そして、七月二十一日には、さらに詳細な報告が届けられた。原子爆弾の威力は、TNT火薬一万五〇〇〇トンから二万トンに達し、また爆発の熱は、爆発台になった二一メートルの鉄骨の塔を瞬時にして気化させたという。スチムソン陸軍長官がこのことを伝えると、トルーマン大統領とバーンズ国務長官は大喜びし、大統領は「それは自分にかつてないほどの自信をもたらした」と述べたという (Stimson Notes for His Diary, July 21, 1945, in Manhattan Project, ed. pp. 203-204.)。この日を境に、トルーマン大統領は別人のように変化したといわれている。

原爆の存在を知った時、スターリンは激怒した

ポツダム会談八日目の七月二十四日、午後七時三十分に休憩に入ったところで、トルーマン大統領はスターリン書記長に歩み寄り、アメリカは「すさまじい破壊力の新兵器」を開発

したと伝えた。トルーマンの回顧録によると、スターリンは、これに対して特別な関心を示さない様子で「それを日本に対しうまく使ってほしい」と、そっけなく返答したという。

トルーマンは、スターリンがこの情報の重大さに気づいていないと思ったようだが、当のスターリンは、この短い一言で全てを悟り、わざと興味がないような振りをしていたのだった。いや、それどころか、実際は狼狽《ろうばい》していたと言うべきだろう。

アメリカが原子爆弾を開発したことを知ったスターリンは、宿舎に帰ると直ちにラヴレンチー・ベリヤ内務人民委員部（ＮＫＶＤ）長官に電話をした。ＮＫＶＤは刑事警察、秘密警察、国境警察、諜報機関を統括する機関で、ベリヤはその全体を仕切る実力者だった。スターリンは、アメリカの原爆実験の情報を事前に摑めなかったことを詰《なじ》り、厳しい言葉で罵倒した。

もしソ連が参戦する前に日本に原子爆弾が投下され、日本が降伏してしまったら、ヤルタ協定で認められたソ連の権益は失われる。つまり、日露戦争によって失われた領土を回復することはできなくなる。しかも、アメリカが唯一の原爆保有国となれば、アジアだけでなく、ヨーロッパでもアメリカの覇権は拡大することになる。

窮地に立たされたスターリンにできることは、一つは、日本が降伏する前に対日参戦すること、そしてもう一つは、できるだけ早く原子爆弾を開発することだった。

原子爆弾の開発に成功したことをスターリン書記長に伝えるべきかについては、事前に議論があった。将来にわたって原子爆弾の技術をアメリカが独占しつづけることは困難であるという立場から、米英ソの三大国で情報を共有すべきとの意見もあったが、バーンズ国務長官は、スターリンに知らせるべきではないという強い考えを持っていた。

また、ポツダム会談二日目の七月十八日にトルーマン大統領がチャーチル首相と会談した際、チャーチルからは、「原子爆弾」とは言わずに「新兵器」と曖昧に伝えるべきだという意見があり、結局、トルーマンはその提案に従った。

そして、この時の会談で、チャーチルが日本に対しては無条件降伏にこだわらず、条件を緩和すべきであると提案したことに注目すべきである。立憲君主国として王を戴《いただ》くイギリスは、敗戦後に君主が残ることの意味を理解していたと思われる。

この席でチャーチルは、日本に無条件降伏を押しつけるなら、アメリカ人の多くが犠牲になるばかりでなく、イギリス人の命にも関係すると強調し、「将来の平和と安全保障に必要な条件が全て整えられる」なら、「軍事的な名誉と民族の存続に関して何らかの保障を与えてやることができればなおよい」と述べ、降伏条件を緩和するように提案した。

ところがこの提案に対して、トルーマン大統領は「パールハーバー以降の日本人に軍事的な名誉などあり得ない」と、瞬時に断った（WSC, Note to the War Cabinet, Quoted in John Ehrman, Grand Strategy, vol. 6, London: Her Majesty's Stationary Office, 1956, pp. 302-303.）。大統領は、日本の真珠湾攻撃に強い恨みを持っていて、この点はアメリカ大衆と同じ意識を共有していたことがわかる。

このように、無条件降伏に対するトルーマン大統領のこだわりは相当のもので、これまで高官たちから重ねて条件緩和の勧告を受けてきたが、その全てを退けてきた。チャーチル首相からの提案を受けても、その場で断ったのだ。トルーマンの「無条件降伏」への意思は、ますます強固になったのである。

第五章

なぜポツダム宣言から「天皇条項」は削除されたか

口頭の指示だけでなされた投下命令

アメリカでは、原子爆弾は終戦を早め、それによって多くのアメリカ兵の命が救われたと理解されているが、ポツダムに集まった三カ国首脳のやり取りを眺めていると、誰も戦争を早く終わらせることを真剣に議論していなかったようにも見える。「戦争を早く終わらせる」というのは、各国首脳が建前として述べているに過ぎず、本音はその下に隠されていた。

夜な夜な豪華な食事が振る舞われる雅《みやび》な空間で、首脳同士はワイングラスを片手に笑顔で歓談していたが、テーブルの下では臑の蹴り合いをしていた。とりわけ激しい駆け引きをしたのは、アメリカのトルーマン大統領とソ連のスターリン書記長だった。二人の攻防は、まるでリアル・ポーカーというべきもので、人間社会における駆け引きの全てが、この時の二人のやり取りに詰まっているといっても過言ではない。

第五章では、原子爆弾の投下が決定される経緯、ポツダム宣言が発表される経緯を分析し、アメリカとソ連が、日本降伏をどのように自国の国益に結びつけて活用しようとしたかを眺めていきたい。そのなかで、原爆投下は本当に終戦を早めるためのものだったたか、自ずと答えが見えてくる。

ポツダムでトルーマン大統領が、それとなく新兵器のことをスターリン書記長に伝えた翌日の昭和二十年（一九四五）七月二十五日、まだ日本に降伏を呼びかける声明（ポツダム宣言）が発せられていないにもかかわらず、原子爆弾を日本に投下する命令が下された。

どうやらトルーマン大統領は、口頭で原爆投下を命令したようである。大統領が原爆投下を命令した書面はこれまでに発見されていない。大統領の直接の署名のある命令書はもちろんのこと、大統領の承認を得たことが確認できる書面すら見つかっていない。

原爆投下実施部隊の責任者である陸軍戦略航空軍司令官のカール・スパーツ将軍は、七月二十三日、書面での原爆投下命令書を要求したため、一枚の命令書が作成されることになった。もしカール・スパーツ将軍がそれを求めなければ、原爆投下命令書自体が存在していなかった可能性がある。一つの都市を消滅させるだけの威力を持つ兵器が、口頭の指示だけで行使されようとしていたのは、驚くべきことである。

翌日二十四日、マンハッタン計画責任者のレズリー・R・グローヴス少将が、原爆投下命令書の草案を起草して、ポツダムにいる陸軍参謀総長のジョージ・C・マーシャル元帥に打電された。マーシャルとスチムソンは直ちにこれを承認し、ワシントンの留守を預かるハンディ参謀副長官がこれに代理署名をしたうえで、二十五日付でカール・スパーツ将軍に伝達された。次のような文面である。

一、第二〇航空軍第五〇九混成群団は、有視界爆撃が可能な天候になり次第、広島、小倉、新潟、長崎のいずれかを目標として、最初の特殊爆弾を投下せよ。

二、追加分の爆弾は、計画担当者による準備が整い次第、前記の目標に対して投下せよ。

三、日本に対するこの兵器の使用は陸軍長官ならびに米国大統領に委ねられる。

四、前記の命令は、陸軍長官ならびに米国陸軍参謀総長の指示及び承認によるものである。

（カール・スパーツ陸軍戦略航空軍司令官宛、トーマス・ハンディ参謀総長代理発、一九四五年七月二十五日付）

（Thomas T. Handy to Carl Spaatz, July 25, 1945, copy attached to James L. Cate to Harry S. Truman, December 6, 1952, Atomic Bomb, Box 112, PSF, HSTL. Caven and Cate, The Army Air Forces in World War 2, Vol. 5, opposite p. 697.）

この文面は、二十四日にポツダムにいたマーシャル陸軍参謀総長とスチムソン陸軍長官が承諾を与えたものだが、内容が極めて重要であるため、トルーマン大統領に回覧しているものと推測される。マーシャルとスチムソンが、大統領に何の話もせずに、二人だけでこの重大な決定を行なったとは考えにくい。

また、トルーマン大統領自ら七月二十五日付の日記に「この兵器は今日から八月十日までのあいだに日本に対して使用する」「日本に対して、降伏してこれ以上死者を出さないよう警告を発そう。日本が受諾しないことはわかっているが、チャンスは与えてやろう」(Truman, Off the Record, pp. 55-56.) と書いていることから、大統領が原爆投下命令書の内容を把握していたことは明らかである。これは、大統領が七月二十五日に、原爆投下を命令した、もしくは決定を了承した決定的な証拠である。

ただし、投下命令書を要求したカール・スパーツ将軍も、大統領の承認を求めたわけではなく、文面にも大統領の承認に関しては触れられていない。トルーマン大統領は、マーシャルとスチムソンから内々に判断を求められて、口頭で原爆投下命令を出したか、もしくは、マーシャルとスチムソンが重大決定をするのを傍らから眺めていて、暗黙の了解を与えたかのいずれかであると思われる。原爆投下を決定した大統領の意思表示が、口頭もしくは暗黙の了解だったとは、当時の大統領にとって原爆投下は、その程度のものだったのであろう。

戦後、トルーマン大統領は折に触れて、原爆投下については後悔したことはないという発言を繰り返し、「眠れなかった夜など一度もない」という表現をよく用いた。インタビューで原爆投下の決断は難しかったかと問われると、「とんでもない、こんなものだった」と言って、指をパチンと鳴らす仕草をして見せたという（John Toland, The Rising Sun : The Decline and Fall of the Japanese Empire 1936-1945〔New York : Random House〕, 766n.）。

別のインタビューでも、原爆投下や、大統領としての他の意思決定のなかで後悔していることはあるかと聞かれると、「これっぽちも。どうがんばって探したってこれっぽちもない」と答えている（Wayne Phillips, "Truman Disputes Eisenhower on , 48", New York Times, February 3, 1958.）。

投下回避の努力をしなかったトルーマン

このように、七月二十五日付の原爆投下命令には、トルーマン大統領は、書面上は関与していなかった。また、大統領が原爆投下を命じた書面や、大統領が承認したことを示す書面も何一つ見つかっていない。これだけ重大な決定を行なっておきながら、書面が残っていないとはどうなっているのか。原爆投下命令に関して注目しておきたい点である。

また、七月二十五日付の原爆投下命令では、それ以外にもいくつか注目したいことがある。二点目は、命令書は二個の原子爆弾の投下を同時に命令していることである。文面によると、まず一個目を投下し、その後「準備が整い次第」二個目を投下するように命じている。二個目の原爆を投下する必要があったかどうかの問題はあらためて掘り下げるが、ここでは問題点だけを指摘しておきたい。

トルーマン大統領は、原爆投下によって確実に日本を降伏させる確信を持っていながら、なぜ一個では日本を降伏させられず、二個目を必要としたのか。もし本当に原子爆弾が確実に日本を降伏させる力を持つなら、一個で十分だったはずではなかったか。一個では不十分で、二個で初めて十分になる根拠はこれまで誰も示していないし、それを検討した痕跡もない。また、二個で必要十分という確信が仮にあったとしても、もし二個では不十分で三個目が必要とされた場合はどうなるか。

当時、アメリカは原子爆弾を二個しか持っていなかった。三個目の原子爆弾が用意されるには秋まで待たなくてはならず、秋には本土侵攻作戦が予定されていたのであるから、原子爆弾によって本土決戦を回避して早期終戦を実現するというわりには、三個目と四個目の原爆を直ちに使えるようにしていないのは準備不足も甚だしい。

よって、二個の原子爆弾を投下しないといけない理由は何ら見出すことはできないし、まして「二個で必要十分」という主張すらどこにも記録されていない。にもかかわらず、命令書は同時に二個の原爆投下を命じている。このことは、原爆投下が軍事的必要性に基づいた作戦ではないことを如実に表しているといえよう。

そして三点目として、この原爆投下命令書は七月二十六日のポツダム宣言発表の前の日に発せられていることにも注目しなくてはいけない。ポツダム宣言は日本に降伏条件を通知するもので、それを受諾するか否かは日本の決定に委ねられるはずである。ならば、ポツダム宣言発表よりも前に日本への原爆投下が決定しているというのは、辻褄が合わない。

もしこれを合理的に理解しようとするなら、大統領は日本が絶対に受諾する可能性がないと確信する条件をポツダム宣言で提示したと見るほかないであろう。先に挙げたとおり、大統領はいみじくも、七月二十五日付の日記に「〔ポツダム宣言を〕日本が受諾しないことはわかっている」と書き記している。これではポツダム宣言は、日本を降伏させるためのものか、日本を降伏させないためのものか、いよいよわからなくなる。

戦後になって、実際にこの矛盾を大統領に鋭く指摘し、回答を求めた人がいた。ジェームズ・L・ケイトである。ケイトは一九五二年、原爆投下命令書の日付が七月二十五日付になっていることは、日本が最後通牒を拒絶したあとで初めて原爆投下の最終決断が下されたという公式の説明と矛盾すると指摘した（James L. Cate to Harry S. Truman, December 6, 1952, Atomic Bomb, Box 112, PSF, HSTL.）。

この問いかけに対して、トルーマン大統領は次のように返答した。

われわれは日本に最後通牒を送った。それは無視された。私は二つの都市への原爆投下命令を下した。目標はわれわれがポツダムからの帰途にあった大西洋上で決定された。貴殿の手紙では、スパーツ将軍宛ての原爆投下準備命令の日付が七月二十五日であることが問題になっている。言うまでもなく、これは軍にあらかじめ準備を整えさせるために必要な慣例だ。だが、最終決定権は私が持っており、ポツダムからの帰途につくまで結論は出されなかった。

（Harry S. Truman to James L. Cate, January 12, 1953, Atomic Bomb, Box 112, PSF, HSTL.）

トルーマン大統領は、ここに事実と異なることを書いている。七月二十五日に原爆投下を決定したことは七月二十五日付日記から明らかであって、これと矛盾する。しかも、大西洋上で決定されたことを裏づける資料は一つも発見されていない。もし大西洋上で原爆投下という重大な決定が行なわれたなら、それが伝達された痕跡が残っていなければならないが、それも見当たらない。

たしかに、あらかじめ軍事作戦に許可を与えておいて、状況が変わり次第いつでもそれを中止する準備をしておき、回避に尽力するという説明には一定の説得力がある。しかし、原爆投下を決定したあと、トルーマン大統領は原爆投下を回避するために、一体どのような努力をしたというのであろうか。

トルーマンは大統領に就任してからというもの、原子爆弾を日本に使用するとしたらどのように使用すべきかを検討させた。しかし、そもそも原子爆弾を日本に投下すべきかを検討させた形跡はなく、利点と問題点を比較検討した記録もない。もし原爆投下を回避するつもりが少しでもあったなら、遅くともトリニティー実験の成果が伝えられた時に「これを本当に使ってもよいものか」が検討されて然《しか》るべきであろう。原子爆弾の破壊力を知ってもなお、トルーマン大統領は原爆投下を回避するための具体的な行動をとることなく、その恐ろしい兵器を使用することの可否について側近たちの意見を求め、議論する機会も持たなかった。それどころか、大統領自ら語ったように、指をパチンと鳴らして即決するほど、これを簡単に決めたというのである。原子爆弾の恐ろしさは、少なくともトルーマン大統領にその使用を躊躇《ちゅうちょ》させる効果はなかったようだ。

このように、もしトルーマン大統領が、原爆投下を回避するいかなる努力もしていないのであれば、日本に和平の選択肢を与えることで和平を実現させようとしたのではなく、日本が受諾できない選択肢を突きつけて、その拒絶を引き出し、もって原子爆弾を投下する口実にしようとしたと指摘されても、否定はできないであろう。

スチムソン草案に横槍を入れたのは誰か

アメリカの国家指導者たちが日本への原爆投下を最終決定した翌日の七月二十六日、ついに日本に対する降伏勧告である「ポツダム宣言」が発せられた。文面に天皇の地位の保障を入れるかどうかで、最後の最後まで水面下での激しい攻防が繰り広げられた。

大統領に勧告を与える立場にある国家指導者たちは、揃って「天皇の地位保障」の文言を入れるべきと主張したが、バーンズ国務長官だけがこれに反対だった。
共同宣言に「天皇の地位の保障」を書くべきであるともっとも熱心に主張したのは、元駐日大使で知日派のグルー国務次官だった。グルーは、共同宣言に「もしも日本国民が欲するならば無条件降伏は現皇統の廃棄を意味するものではない」と明記することで、日本の早期降伏をもたらすことが容易になると確信し、昭和二十年（一九四五）五月二十八日に、宣言案をトルーマン大統領に提出した。グルーの宣言案には、占領軍の撤退要件を記した第十二項の後段に、次の一文が明記されている。

このことは、もしもそのような政府が、日本における侵略的軍国主義の将来の発展を不可能にし、平和政策を追求する純粋な決意を有すると、平和を希求する諸国が確信するなら、現在の皇統の下における立憲君主主義を含み得るものとする。
（Joseph.C.Grew, Turbulent Era: A Diplomatic Record of Forty Years, 1904-1945. vol. 2, 1952, pp. 1421-1434.）

その後、スチムソン陸軍長官は、グルー国務次官の宣言案に沿って草案を起草し、途中で国務省との摺《す》り合わせをした結果、「天皇の地位の保障」については、最終的には次のように表示することになった。

このことは、平和を希求する諸国に、完全に満足するに足りる証拠により、将来にわたって日本国における侵略的軍国主義の発展を不可能にさせるような政策を遂行しようとする真の決意を有することを確信させ得る限り、現皇統下の立憲君主制を含み得るものとする。

(Department of State, Foreign Relations of the United States: Diplomatic Papers: The Conference of Berlin〔The Potsdam Conference〕1945, 2 vols. 1960.)

こうして作成されたスチムソンの宣言案は、ポツダム宣言の「合衆国代表団草稿(United States Delegation Working Paper)」に採用された。この草案が大統領に提出されたのは七月二日のことだった。ところが、ここからさらに揉めることになる。

スチムソン草案に横槍を入れてきたのは、統合戦略調査委員会だった。「天皇崇拝を残すと意図していると見なされる」というような理由で、「立憲君主制を含み得る」とする該当箇所を完全に削除したうえで、「将来の侵略行為に対する適当なる保障ある限りにおいて、日本国国民は、其《そ》の独自の政治形態を選択する自由を有す」の一文を挿入すべきであると提案したのだ（Enclosure "A", Report by the Joint Strategic Survey Committee, Military Aspects of Unconditional Surrender Formula for Japan, reference: JCS 1275 Series, Records of OSW, Stimson Safe File, RG 107, NA.）。

スチムソン草案をとりまとめた陸軍作戦部も、負けじとこれに対抗した。「立憲君主制」の意味合いを明確に述べることにより、誤解を避けることができるとし、「日本の国民は天皇を立憲君主制として維持するかどうかを自由に選ぶことができる」との対案を提出した（H. A. Craig's Memorandum for General Handy, July 13, 1945, Records of OSW, Stimson Safe File, RG 108, NA.）。

対日強硬派のバーンズによる巻き返し

そして、七月十七日、統合参謀本部で会議が開かれ、天皇条項を削除すべきかが検討されることになった。この会議がポツダム宣言に「天皇の地位の保障」が盛り込まれるかどうかを最終的に決定することになる。グルー国務次官やスチムソン陸軍長官を中心とする宥和論者たちは、ポツダム宣言に「天皇の地位の保障」が明記されれば日本はこれを受諾する見込みがあるが、もしこれが明記されない場合は、日本がポツダム宣言を受諾する可能性は万に一つもないと考えていた。もし日本にポツダム宣言を受諾させて速やかに戦争を終結させるなら、ポツダム宣言には是が非でも天皇条項を組み込まなくてはならなかった。

しかし、統合参謀本部は二日間の審議の末、七月十八日に、天皇条項を削除する案を採択し、その結果を大統領に提案した。そして、大統領がそれを承認し、ポツダム宣言から天皇条項が削除されることが確定した。

統合参謀本部の修正意見は次のようにその理由を述べている。「連合国が現在の天皇を廃し、または処刑して、皇室の誰か他の者を即位させせることを約束したように誤解」され、もしくは「天皇制および天皇崇拝を維持すると約束したと」誤解される可能性を指摘し、「将来の侵略行為に対する適当なる保障ある限りにおいて、日本国国民は、其の独自の政治形態を選択する自由を有す」と修正すべきと勧告した。そのうえで、このような表現にすることで「連合国が特定の政治形態を支持するという約束を含まないし、また連合国にとって不適当な政府が樹立されることを防止することができ」ると述べている（JCS to the President, July 18, 1945, FRUS: Potsdam, vol. 2, p. 1269. OPD, Exec. File 17, Item 21a, Box 99, RG 165, NA.）。

なぜ、スチムソン草稿にあった天皇条項が、提出案では削除されるに至ったか。その経緯については不明な点が多い。天皇条項をめぐっては、ポツダム宣言が出される直前まで、アメリカ政府内で両論が対立していた。またバーンズ国務長官が天皇条項を明記することに強く反発した。結局、削除が決まったのは、対日強硬派のバーンズが、最後に巻き返しを図った結果であろうと思われる。

また、昭和十九年（一九四四）十一月まで国務長官を務めたコーデル・ハルの回顧録によれば、バーンズ国務長官がポツダムに出発する直前、ハルは「天皇も支配階級もその全ての特権を剝奪され他の全ての者と同様に法の前に平等な地位に置かれるべきである」と述べ、同宣言の発表をロシアが参戦するまで待つべきで、天皇に関する部分を削除すべきであると主張した。その後、ハルは七月十六日にポツダムにいるバーンズに電報を送り、自分の意見の詳細を伝えている。またハルは回顧録で、その翌日の七月十七日にバーンズから天皇について言及しないことに賛成であるというメッセージを受け取ったと記している。ハルら対日強硬派は、ポツダムにいる大統領と国務長官への説得を続けていたことがわかる（The Memoirs of Cordell Hull, vol. 2, pp. 1593-1594.）。

七月十七日に、バーンズ国務長官が天皇条項を削除することに賛成であるとのメッセージを送っていることは、興味深い。当時、バーンズは大統領にもっとも強い影響を与える存在だった。大統領の決断は、全てバーンズの決断だったと言っても過言ではない。

また、スチムソン陸軍長官の日記から、「天皇の地位の保障」がポツダム宣言から削除された決定的理由を推測することができる。スチムソンの日記によると、七月十七日の午前中、大統領宿舎のバーンズ国務長官を訪問したスチムソンは、ポツダム宣言について討議するなかで、大統領から「タイムテーブル」の承認を受けたと伝えられた。これまでスチムソンは、できるだけ早期にポツダム宣言を発表すべきであると主張してきたが、これをバーンズは否定し、時期については既に大統領が決定を下したというのである。スチムソンはこの日の日記に「これ以上、強く主張することは止めた」と意味深長な言葉を書き残している(Stimson Diary, July 17, 1945.)。

つまり、この日までにトルーマン大統領とバーンズ国務長官は、いつポツダム宣言を発表し、いつ原子爆弾を投下するかを決めていたと考えてよいであろう。彼らはスターリン書記長から、ソ連参戦は八月中旬と聞いていたため、当然この「タイムテーブル」はそれを前提として組み立てられていたはずである。

「タイムテーブル」が決定したことと、ポツダム宣言から天皇条項が削除されたことは無関係ではあり得ないだろう。この日に行なわれた統合参謀本部での会議で、あれほど熱心に天皇条項の必要性を訴えていたスチムソンが、あっさりと天皇条項削除を認めていることからも、七月十七日の朝にバーンズ国務長官と討議したことで何か大きな変化が生じたに違いない。スチムソンの日記には明記されていないが、七月十八日に統合参謀本部が天皇条項削除を決定する前に、どうやらトルーマン大統領とバーンズ国務長官が、天皇条項を削除することを既に決定していたようなのである。

そこで問題なのは、ポツダム宣言発表と原爆投下の「タイムテーブル」が確定した時に、トルーマン大統領とバーンズ国務長官は、なぜ宣言から天皇条項を外すことを決定したのかという疑問である。本来、ポツダム宣言は日本に降伏を勧告して戦争終結をめざすのが目的ではなかったのか。また天皇の地位が保障されないかぎり、日本人は降伏などしないという情報を大統領周辺はマジック報告を通じて知っていたはずである。実際にポツダム宣言が発せられる時の状況を知れば、この疑問はさらに深まることになる。

ポツダム宣言に加えられたさらなる修正とは

そして、ついにポツダム宣言が発せられた。昭和二十年（一九四五）七月二十六日午後四時（ワシントン時間）のことだった。これまでに激しいやりとりがあった天皇条項だが、何と発表されたポツダム宣言では、さらに修正が加えられていた。

統合参謀本部の修正案は、天皇に関する記述を全て削除し、代わりに「将来の侵略行為に対する適当なる保障ある限りにおいて、日本国国民は、其の独自の政治形態を選択する自由を有す」と記載すべきという提案だった。しかし、ポツダム宣言からは、この一文すら削除されていて、天皇の地位はおろか、日本の国家体制についても何ら言及のない文面になっていた。この修正は、トルーマン大統領とバーンズ国務長官によって行なわれたと見られる。トルーマン大統領がポツダム宣言の文案を最終的に承認したのは七月二十四日のことである。

このさらなる修正により、ポツダム宣言は日本にとってより過酷な内容に変貌した。これを日本の国家指導者たちが見たら、「天皇の地位が保障されない」ことを理由に、瞬時に拒絶するであろうことは火を見るより明らかだった。

スチムソン陸軍長官の日記によると、ポツダム宣言が発せられる二日前の七月二十四日、スチムソンはトルーマン大統領を訪問した際に、天皇の地位を保障する文言を加えることで、日本が降伏を受け入れやすくなることを再度切り出したという。この時スチムソンは天皇条項が含まれるかどうかは、日本が降伏勧告を受け入れるか拒否するかの分かれ目になる、という踏み込んだ意見を述べている。

しかしトルーマンは、バーンズ国務長官がその提案を拒絶していると伝えたうえで、既に文面は蒋介石に送付してあるから、もはや文面の変更はできないと告げたという。それでもスチムソンは食い下がり、外交ルートを通じて、口頭でもよいから天皇の地位を保障することを日本側に伝えてはどうかと提案した。トルーマンは「心がけよう」と返答したが、結局、何も実行されなかった（Stimson Diary, July 24, 1945.）。

そして天皇についても、日本の政治体制についても、まったく触れていないものが「日本への降伏要求の最終宣言」（通称「ポツダム宣言」）として発表されることになる。ただし、かろうじて天皇の存続をにおわせる部分はあった、それはポツダム宣言第十二項である。占領軍が占領を解除する条件の一つに「日本国国民ノ自由ニ表明セル意思ニ従ヒ平和的傾向ヲ有シ且責任アル政府カ樹立セラルルニ於テハ」と書かれている部分だ。悪く読めば「天皇の地位は保障されない」と理解できるが、よく読めば日本人が自由に政府を樹立できるのであれば当然、「天皇は存続し得る」と理解することも可能だった。ただし、これまで検討された案のなかで、日本にとってはもっとも厳しい文面になったのは事実である。

日本を絶対に「降伏させない」ための勧告

最終段階において、再び文面が修正されたことは、七月二十一日に原子爆弾の威力が伝えられたことと関係があるのではないか。この日を境にして、トルーマン大統領とバーンズ国務長官は、戦争の終わらせ方についての考えを大きく変えたように見受けられる。具体的には、アメリカはソ連の力を借りずに戦争を終結させられるという自信が湧き上がってきたのではないか。

七月十七日の段階では、スターリンが対日参戦を約束したことに大喜びしていたトルーマン大統領だが、七月十八日にトリニティー実験に関する第二報が届くと、大統領は日記に「ロシアが侵攻する前にジャップは破綻するだろう。マンハッタン〔原子爆弾〕が本土で使われれば確実にそうなると確信している」と書き留めている（Truman, Off the Record, ed. p. 54.）。原爆投下によって日本を降伏させられるという確信を持ったのだ。このことは、ソ連参戦より前に原子爆弾を落とすことができれば、ソ連の手を借りずに日本を降伏に導けることも同時に意味する。

また、一週間後の日記には次のような記述もある。「われわれは、世界史上もっとも恐ろしい兵器を発見してしまった。〔中略〕それは、ノアの伝説の方舟《はこぶね》のあと、ユーフラテス川の谷の時代に予言された炎の破壊をもたらすかもしれない」(Truman, Off the Record, ed. pp. 55-56.)

実際、トルーマン大統領は当初、ソ連参戦に熱い期待を寄せていたが、トリニティー実験の詳報が届くと、原子爆弾の威力に魅せられてしまったのか、ソ連参戦への熱は急に冷めてしまった。それどころか、ソ連参戦が少しでも遅くなることを、また少しでも早い時期に原子爆弾を落とすことを考えはじめるようになったと見受けられる。そのうえで大統領が承認したのが、バーンズ国務長官が提案した「タイムテーブル」だったのだろう。

七月十七日はトリニティー実験成功の第一報が届いただけでなく、スターリンが八月中旬に対日参戦することを表明した日でもある。ポツダム宣言の日程は、この二つの条件から自然と導き出されたように思う。大統領と国務長官の二人は、八月十五日にソ連が参戦することを尻目に、それまでに原子爆弾を投下するならどのような日程になるかを真剣に検討したと思われる。彼らの思考を再現するとしたら、次のようになるであろう。

ソ連参戦の八月十五日より前に原子爆弾を投下するならば、五日間の余裕を見たとして、原子爆弾の準備が完了するのが八月三日であるから、投下は八月三日から八月十日のあいだしかない。またその時期の日本は台風が発生する可能性もあり、天候を考慮すれば、投下予定期間は一週間程度を見ておく必要があった。日本は間違いなくポツダム宣言を拒絶すると信じられていたが、ポツダム宣言から原爆投下までがあまり近いと批判を浴びる可能性があり、一定の期間を空けなくてはならない。八月三日が想定されるもっとも早い投下日であるから、仮に中一週間空けるとしたら、ポツダム宣言の発表は七月二十六日以前でなくてはいけないことになる。

また、逆にあまり早くポツダム宣言を発してしまうと、ソ連が対日参戦を前倒しする可能性があり、八月三日より前にソ連が参戦してしまえば、それ以前に原子爆弾を投下することはできない。それを阻止しようとするなら、想定可能な期間のなかでも、できるだけ遅い時期であるのが望ましい。すると、ポツダム宣言は自ずと「七月二十六日」という日付が導き出されるのである。

もし、日本に原子爆弾を使用しないことがもっとも重視されていたなら、まったく別の日程になったはずである。すなわち、ソ連参戦は八月十五日とされているのであるから、一日も早く日本にポツダム宣言を表明して、ソ連参戦よりも前に日本を降伏に導いたはずであるし、またそのポツダム宣言には、できるだけ日本が承諾しやすい条件が書き込まれていたはずだ。

したがって、トルーマン大統領とバーンズ国務長官が、ポツダム宣言の日付を七月二十六日と設定したこと、そして、ポツダム宣言の文言から天皇条項を消したのみならず、直前になって、よりいっそう日本が受け入れにくい条件に変更したことから鑑《かんが》みると、次の結論を得ることができる。

すなわち、ポツダム宣言は、日本を「降伏させる」ための勧告ではなく、日本を「降伏させない」ための勧告だったと見るほかないであろう。では何の目的で日本を降伏させないかといえば、それはソ連の参戦よりも前に日本が降伏してしまったら、日本に原子爆弾を落とすことができなくなってしまうからではなかったか。

ポツダム宣言の文面を決定する段階において、トルーマンとバーンズにとっての最大の悩みは、日本が降伏しないことではなく、日本が降伏してしまう危険性だったと考えられる。日本がポツダム宣言を受諾してしまったら、原子爆弾を使用する機会は失われてしまう。原子爆弾を使用して大戦を終結させることと、原子爆弾を使用せずに大戦を終結させることを比較したら、明らかに前者がアメリカにとって外交上優位であった。

それに、アメリカの国家指導者たちは、先述のとおり、天皇の地位を保障しなければ、日本人は絶対に降伏しないことをマジック報告などを通じて知っていた。七月二十五日付のトルーマンの日記に「日本に対して、降伏してこれ以上死者を出さないよう警告を出そう。日本が受諾しないことはわかっているが、チャンスは与えてやろう」と書かれているのは、大統領が「日本はポツダム宣言を受諾しない」ことに強い確信を持っていたことを示していることにほかならない。いや、それどころか、日本がこの宣言を拒絶することを期待しているようにも読める。実際にポツダム宣言によって、アメリカは日本に対して原子爆弾を投下する口実を得ることになる。それこそがトルーマン大統領とバーンズ国務長官の意図するところだったと思われるのだ。

ゆえに天皇条項を削除し、統治形態についても触れないようにして、日本がより受諾しにくい文言に修正する必要があったといえよう。こう見れば、全ての辻褄が合う。

完全に出し抜かれたスターリンの誤算

この共同宣言が発表されたことで、もっとも衝撃を受けたのは、日本の国家指導者たちではなく、もしかしたらスターリン書記長だったかもしれない。スターリンは、ポツダム宣言はイギリス、アメリカ、ソ連、中華民国の四カ国の共同宣言として発表されるものだと思っていた。そのためにソ連代表案まで用意して、いつ議題に上がるかと待ち構えていた。ところが七月二十六日になって、何の前触れもなく、イギリス、アメリカ、中華民国の三カ国共同宣言として発表された。スターリンは完全に出し抜かれたのである。

ソ連がポツダム宣言の署名国になれなかったことは、スターリンの予定を大きく狂わせた。当時、日本とソ連は中立条約を締結していて、いまだそれは有効だった。ポツダム宣言にソ連が加わることによって、日本がこれを拒絶した場合、日ソ中立条約が実質的に無効化され、日本に攻め込むことが正当化されるはずだった。ポツダム宣言に参加できなかったことは、対日戦争を始めるにあたって、それとは別の理屈を用意する必要を生じさせたのである。

トリニティー実験の成果を知ってからというもの、トルーマン大統領とバーンズ国務長官は、ポツダム宣言にソ連を加わらせないようにしようと試みた。この水面下での動きは奏功し、ソ連を排除して共同宣言の発表まで漕《こ》ぎ着けた。ソ連はこの動きを事前に察知することができなかったのだ。

スターリンソ連共産党書記長（写真提供：ＲＩＡ Novosti／時事通信フォト）

ポツダム宣言の写しがプレスに配布されたあと、ソ連のモロトフ外務大臣にも写しが送られた。モロトフ外相はソ連抜きで共同宣言が発表されることに心底驚き、宣言発表の延期を求めたが、もう既にプレスに配布済みであり、取り消すことはできないとバーンズに拒絶された。トルーマンとバーンズの完全なる作戦勝ちだった。結局、共同宣言はポツダム会談の公式な議題に一度も上がることはなく、ソ連案は提出される機会もないままお蔵入りとなった。

アメリカ側は、共同宣言にソ連を加えなかった理由として、ソ連は日本と戦争状態にないため、迷惑を及ぼさないようにしたというもっともらしい説明をしたが、ソ連側がこの説明に納得するはずはなかった。

表面には出さなかったが、スターリンの腸《はらわた》は煮えくり返っていたと思われる。この一件により、アメリカはソ連の手を借りずに日本を降伏させるつもりである、とスターリンは瞬時に見抜いたようだ。これはアメリカのソ連に対する敵対行為以外の何物でもなかった。アメリカがソ連参戦よりも前に原子爆弾を投下して日本を降伏させるつもりなら、ソ連としては、日本が降伏する前に対日参戦すればよい。

ソ連側は七月二十九日に、アメリカとイギリスにソ連が参戦することを強く提案した。ソ連は米英に揺さぶりをかけてきたのである。ところが、アメリカ側はこれを拒絶したため、ついにスターリンが動いた。

ソ連が参戦する前に日本が降伏してしまったら、戦後のアジア秩序にソ連が介入する機会は失われることになる。ヤルタ密約で承認されている領土を手に入れることも叶わない。ソ連としては、何としても日本が降伏する前に参戦しなくてはならなかった。

スターリン書記長は七月三十日、ワシレフスキーを八月一日付で極東ソ連軍総司令官に任命し、ソ連極東軍に三つの方面軍を創設することを決定した。スターリンはトルーマンに、ソ連の参戦時期を「八月中旬」と伝えていた。アメリカ側は八月十五日と理解していたが、スターリン自身は八月十一日に参戦する計画だった。スターリンは、それをさらに数日早めることを決意した。

アメリカもソ連も日本の「拒否」を望んだ

トルーマン大統領とバーンズ国務長官は「ポツダム宣言発表」↓「日本が拒絶」↓「原爆投下」↓「日本降伏」というシナリオを描いていたのに対し、スターリンは「ポツダム宣言発表」↓「日本が拒絶」↓「ソ連参戦」↓「日本降伏」というシナリオを描くことになる。

ソ連は日本と中立条約を結んでいる手前、日本を攻めるには何らかの根拠が必要だった。スターリンは日本がポツダム宣言を拒絶することをもって、宣戦布告の根拠にするつもりであった。

アメリカにとっても、日本がポツダム宣言を拒絶してくれないと具合が悪かった。そのことは、この図式からも読み取れるであろう。アメリカにとってのポツダム宣言は、「日本を降伏させるもの」ではなく、「日本を降伏させないもの」であるということの根拠が、スターリンとのやり取りからも見えてくる。

トルーマンとバーンズは、ソ連が参戦するよりも前に、日本から「ポツダム宣言拒絶」を引き出して、原爆投下に結びつけたかったのであり、そのことが彼らにとって最重要課題となっていた。

つまり、日本がポツダム宣言を拒否してくれないと、アメリカは原子爆弾を投下することができないし、ソ連は対日参戦することができなかったのだ。トルーマンもスターリンも、日本がポツダム宣言を拒否することを心待ちにしていたということになろう。

そして、図式から明らかなように、原爆投下とソ連参戦のどちらが先になるかが、アメリカとソ連のチキンゲームの勝敗を決することになる。アメリカは原爆投下を「八月三日から八月十日」と予定していた。一方で、ソ連としては対日参戦を八月十一日から何日前倒しにできるか、つまり「八月十日」か「八月九日」か。いずれにしてもいい勝負だった。

トルーマン大統領とバーンズ国務長官に、日本を降伏させるための四つの選択肢があったことは既に述べた。A案「原爆使用」、B案「ソ連参戦」、C案「降伏条件緩和の声明」、D案「本土侵攻作戦」である。

大統領に助言を与える地位にあった高官たちは、バーンズを除けば、ほとんど全員がC案を支持していた。アメリカはマジック報告により日本の天皇が和平を望んで行動に出たことを摑んでいたし、日本の指導者たちは天皇の地位が保障されることをもっとも望んでいるという情報も得ていた。しかしトルーマンとバーンズの二人はその情報を無視し、高官たちの意見を完全に退けた。

その代わり、トルーマンとバーンズの二人は、一貫して常にA案「原爆投下」を最優先させてきた。A案の選択肢を確実なものとして交渉するために、ポツダム会談の日程を約一カ月遅らせた。この判断も、いかにA案を重視しているかを窺わせる。そしてトリニティー実験が成功してからというもの、二人はいよいよA案に絶対の自信を持つようになった。

当初、B案「ソ連参戦」は、アメリカが原子爆弾開発に失敗した時の滑り止めだったが、実験成功以降、その必要はなくなった。また、原子爆弾が不発だった場合の滑り止めの役割もあったが、トリニティー実験があまりに見事な成功を収めたため、不発に怯える心配も薄らいだ。このような背景があり、二人にとってB案は急速に魅力を失ったのではないかと見られる。

また、スターリンはポツダム会談で、八月中旬には対日参戦すると約束していて、しかもヤルタ会談で認められた権益を得るために、ソ連が参戦することは確実と見られていた。しかもソ連参戦によって日本は確実に降伏すると信じられていた。この事実と、トルーマン大統領とバーンズ国務長官の二人がA案を実行することを常に最優先していた事実から、次のことが浮かび上がってくる。

二人がC案「降伏条件緩和の声明」を採用する意思がない以上、日本がAで降伏するか、Bで降伏するか、もしくはAとBがほとんど同時に起きて降伏するかの三つに一つでしかあり得ない、ということだ。これについては、Aで日本が降伏しなかったらどうなるかと疑問に思う向きもあろう。しかし、Aで日本が降伏しなくとも、必ずソ連は参戦するので、結局、Bによって日本は降伏せざるを得なかった。やはりどのようなシナリオでも、AかBによって日本が降伏することは必至だった。したがって、いずれの場合においても、D案「本土侵攻作戦」が実行される可能性は、ほとんどないに等しかったのである。

原爆投下後のトルーマン大統領の声明は、戦争を早く終わらせて、アメリカ兵の命を救うために原子爆弾を投下したとしているが、別の言葉に置き換えるなら、それはDを防ぐために原子爆弾を投下したということである。D案が実行されるシナリオは想定されないのであるから、この大統領の声明がいかに欺瞞《ぎまん》に満ちたものであるかがわかる。

大統領は、Dが発動する予定の昭和二十年（一九四五）十一月までには、原爆投下かソ連参戦のいずれかによって、必ず日本は降伏しているということに確信を持っていた。そのため、少なくともトリニティー実験の成果を知ってからは、大統領がDにより多くのアメリカ兵の命が失われるのを心配することなど、あるはずもなかったのだ。

いつしか原爆投下は「手段」から「目的」へ

あるいは、先ほどAとBがほとんど同時に起きた場合について触れたが、トルーマンとバーンズは、AとBの両方をもって、より確実に日本を降伏に持ち込めるという「相乗効果」を期待していたとの推論も可能である。

しかし、もし二人が原爆投下とソ連参戦の相乗効果に期待していたなら、なぜポツダム宣言にソ連を加えなかったのか、説明がつかない。スターリンが署名していれば、ソ連参戦を予告する効果を発揮したであろうから、ポツダム宣言を受け取った日本は、直ちに降伏すると期待されたはずである。

また、もし本当に日本との戦争を早期に終わらせることが最重要課題だったのなら、二人は、ポツダム宣言にソ連を加えてソ連参戦を予告するだけでなく、日本がポツダム宣言を拒絶したら原子爆弾を使用すると警告したはずだ。

原爆投下で日本が降伏するかどうかは、アメリカの国家指導者たちのあいだでも意見が分かれていたが、ソ連参戦が日本を降伏させる効果を持つことは、誰もが信じて疑わなかった。したがって軍事的必要性から判断したなら、原爆投下とソ連参戦をポツダム宣言で告知するのが、もっとも合理的な選択だったであろう。それが、もっとも確実にもっとも少ない犠牲で早期に戦争を終結させる方法だった。ところが二人はその合理的判断を採用せず、別の手段を選んだ。そこには軍事的必要性ではなく、別の必要性があったと考えなくてはいけない。

このようにトルーマン大統領とバーンズ国務長官は、時々刻々と状況が変化するなかで、四つあった選択肢のなかでも、常に「原爆投下」の選択肢を優先してきたのである。どうやら「原爆投下」という手段によって「日本降伏」という結果を得るつもりが、いつしか手段と目的が逆転してしまい、「原爆投下」が目的になってしまったようだ。それに伴い、目的だったはずの「日本を降伏させること」は、いつしか手段として「日本を降伏させないこと」に変化してしまったように思える。二人は、日本との戦争を早期に終わらせることではなく、日本が降伏する前に、そしてソ連が参戦する前に、日本に原子爆弾を投下することを望んでいたと思われる。つまり、「原子爆弾を投下することで日本を降伏させようとした」のではなく、「日本が降伏する前に原子爆弾を投下しようとした」と結論してよいであろう。

これまで分析した結果により、トルーマン大統領は、戦争を早期終結させるために原子爆弾を投下したのではないことは明らかである。原爆投下よりも早く日本を降伏させる選択肢は確実に存在した。軍事的必要性を重視したなら、その選択肢が採択されたはずだった。しかし大統領は「早期終戦」の軍事的必要性よりも「原爆投下」の政治的必要性を優先した結果、「早期終戦」の選択肢を退けた。この事実だけで、原爆投下が終戦を早めなかったことの根拠になろう。

いや、むしろ「原爆投下は終戦を遅らせた」というほうが正しいかもしれない。トルーマンはポツダム宣言を、日本が決して受諾できない文面に作り変えた。早期終戦よりも原爆投下を優先した動かしがたい根拠である。大統領が原爆投下に固執したあまり、もっと早く戦争を終わらせることができる、もっとも合理的で魅力的な選択肢を退けてしまったのは歴史的事実なのだ。

第六章

原爆投下前の対日参戦をもくろんだソ連

スターリンの署名がないと気づいた東郷外相

第五章ではアメリカの国家指導者たちが、どのような情報に基づき、どのような状況のなか、どのような目的で原爆投下の判断を下したか、主に連合国の視点で検討してきた。

第六章では、ポツダム宣言が発表されてから、広島への原爆投下を経て、ソ連が対日戦に参戦するまでのあいだに焦点を当て、トルーマン大統領、スターリン書記長、そして日本の国家指導者たちが何を考え、何を実行したかを眺めていきたい。

ポツダム宣言の建前は、日本を降伏させ、早期終戦を実現することだった。ポツダム宣言が発せられると、日本でもこれを検討する動きがあり、ソ連を仲介役とした和平実現に向けて弾みがついた。アメリカもその様子を、暗号を解読して知っていた。

しかし、なぜそれにもかかわらず広島に原子爆弾が投下されたのか。また、原爆投下によって敗北を噛《か》みしめたスターリンが、再び日本への野望を抱くようになったのは、何が原因だったのか。

七月二十七日の日本時間朝五時に、サンフランシスコの短波放送がポツダム宣言を伝えた。通常は外交ルートを通じて、外交文書で公布されるものだが、アメリカ政府は、あえてラジオで流すことによって、日本政府を介さず、日本国民に直接訴えるかたちをとった。

日本の反応は、概ね宥和派のグルー国務次官やスチムソン陸軍長官が心配していたとおりのもので、やはり天皇がどうなるかがいちばんの問題とされた。ポツダム宣言の内容を知った外務省幹部は、同日の朝に会議を開き、松本俊一外務次官を中心に討議が行なわれた。渋沢信一条約局長は戦後、次のように語っている。

ともかく読んで最初に思ったことは、天皇制がどうなるのかについて何もふれていないが、直感的に、連合国は天皇制を廃止するとか、制限を加えるとかの制約は考えていないということであった。

（『終戦史録（四）』五二ページ）

外務省はこの宣言を好意的に解釈した。松本次官は、この宣言は「無条件降伏の条件」を示すものであって、完全な無条件降伏を示すものではないと考え、これを受諾することで戦争を終わらせる以外にないと東郷外務大臣に伝えたところ、外相も同意見だったという（松本俊一「終戦覚書」『終戦史録（四）』一五ページ）。

そして東郷外相は、ポツダム宣言にスターリン書記長の署名がないことに注目し、ソ連に終戦の仲介役を依頼している件を、何とかかたちにしようと考えた。日本はソ連に天皇の特使として近衛文麿を派遣したいと申し入れていたため、その受け入れの可否について、そろそろ返事が来ることを期待していた。

この日の午前十一時十分に東郷外務大臣は参内して昭和天皇に拝謁し、ポツダム宣言の取り扱いには慎重を期すべきで、特に宣言を拒否するような意思表示は懸念されること、戦争の終結については、まずソ連との交渉を見定めることが重要である旨を言上した（『昭和天皇実録（巻三四）』一九〜二〇ページ）。

ポツダム宣言にスターリンの署名がなかったことは、スターリンにとっては思いもよらぬ効果を生んだ。つまり、ソ連は対日参戦を開始するまで、日本を油断させておきたかったところ、ポツダム宣言にスターリンの名前がないことで、東郷外相は「ソ連は脈あり」と判断した。そのため、アメリカと直接交渉するのではなく、ソ連の仲介によって終戦交渉を進めるべきと考えたのである。

しかし日本にとってはこの判断が命取りになる。もしこの時点で日本がアメリカとの直接交渉に乗り出していたら、アメリカは原子爆弾を投下する口実を得ることができなかったであろうし、明らかに日本との戦争準備を進めるソ連の脅威に目を向ける余裕が生まれたかもしれない。それにもかかわらず、日本はソ連を信じ、交渉の窓口となることを期待していた。ところがスターリン書記長は、対日参戦することを既に決意していたのであるから、ソ連に「脈」などあるはずもなかった。

ポツダム宣言が発せられたこの日、最高戦争指導会議と閣議が立て続けに開かれた。阿南《あなみ》惟幾《これちか》陸軍大臣、梅津美治郎《よしじろう》参謀総長、豊田副武軍令部総長らは、東郷外相とは正反対で、ポツダム宣言を厳しい視点から眺めていた。ここで一つの対立軸が形勢されつつあった。一つの集合は宥和派で、首相・外務省・海軍省。もう一つの集合は主戦派で、陸軍省・参謀本部・軍令部である。

特に豊田軍令部総長は、ポツダム宣言について政府が意見を述べないことは、前線の兵士の士気にも影響することであるから、ポツダム宣言を拒絶する旨の大号令を天皇の名で発すべきである、と強く主張した。

このような強硬論に対しては鈴木首相と東郷外相が反対して、結局はポツダム宣言受諾の可否については議論せず、仲介を依頼しているソ連の返事を待つということで落ち着いた。東郷外相は、ポツダム宣言は天皇の地位について直接言及していないため、それがどのようなものであるかをソ連を通じて確認し、ソ連を通じて交渉しようと考えていた。そしてその考えには、鈴木首相だけでなく、阿南陸相ら強硬派、そして木戸孝一内大臣と昭和天皇までが納得のうえで同調した。

もし署名があったら日本政府はどうしたか

もしポツダム宣言に天皇の地位を変更する意図がない旨が明記されていたら、どうなったであろうか。それだけで、直ちに終戦が実現したかどうかは定かではないが、少なくとも、ソ連を頼りに宣言の意味内容を確認し、ソ連を通じて交渉しようという方針は採られていなかったと思われる。もっとも強硬な発言をした豊田軍令部総長ですら、ソ連を窓口に和平交渉を進めることに同意したのであるから、日本の最高指導者たちのなかに、ポツダム宣言が発表された時点で、直ちにこれを拒絶すべきと考えた者はいなかったと見える。

したがって、政府と統帥部が和平交渉に積極的に乗り出さなかったのは、ポツダム宣言の内容に問題があったからであり、もし最高指導者たちがもっとも重視していた「天皇の地位の保障」がしっかりと盛り込まれていたなら、彼らはより積極的に和平交渉に乗り出していたと見るのが自然であろう。

また、もしポツダム宣言にスターリンの署名があったら、日本はアメリカと直接交渉する以外に取り得る道はなかった。なぜなら、ポツダム宣言にソ連が加わっていたなら当然、ソ連を通じての和平交渉などあり得ないことと、もし日本がこれを拒絶したらソ連が参戦するであろうことを、瞬時に悟ることができたからである。ソ連が参戦したら日本はまったく打つ手がなかった。強硬派が考えていた本土決戦ですら、ソ連が参戦しないことを前提としていた。したがって、ソ連が参戦すると本土決戦は実行不可能であるから、降伏する以外に手はない。そのため、ソ連参戦がわかっていたら、日本はポツダム宣言を受諾して戦争を終結するしかなかったのである。

この点は、トルーマン大統領とバーンズ国務長官の読みどおりだったといえよう。第五章の分析が正しいなら、彼らの考える「タイムテーブル」どおりに事を進めるには、ポツダム宣言は日本によって拒絶される必要があった。彼らは意図的にポツダム宣言の内容を、日本の最高首脳が受諾を即断できないような内容にしていたと考えられる。

七月二十七日に開かれた閣議では、ソ連からの返答次第ではポツダム宣言を基本に戦争を終結するという方針が決定され、そのため政府としては、同宣言を肯定も否定もすべきではないことが確認された。ところが第三章で述べたように、鈴木首相がポツダム宣言を「黙殺」すると日本で報道されたところ、アメリカではこれを「拒否」したと報道されてしまった。これは、帝国政府としては、まったくの誤算だった。

八月六日に新聞を通じて発表された原爆投下に関する大統領声明でも、「七月二十六日付最後通告がポツダムで出されたのは、全面的破滅から日本国民を救うためであった。彼らの指導者は、たちどころにその通告を拒否した」とあるように、日本がポツダム宣言を拒否したことが、原爆投下の正当性として語られている。また第二章で指摘したように、現在のアメリカの教科書も、「日本の軍国主義者たちは降伏をあくまで拒んだ」「日本の軍部指導者は無条件降伏を拒否した」などと書き記している。

日本がポツダム宣言について声明を出していない事実は、トルーマン大統領ですら承知していた。トルーマンの回想録には「七月二十八日、東京放送局は、日本政府が戦争を継続する決意であることを放送した。米、英、中の共同最後通告に対する日本の正式の回答はなかった」とある（『トルーマン回顧録（二）』三〇一ページ）。

しかし、これは八月六日に発表された大統領声明の「彼らの指導者は、たちどころにその通告を拒否した」ということと矛盾する。トルーマン自身は「公式発表はなかった」と記憶していて、それは史実と合致する。ただ大統領声明は政治文書であって、そこには創作が含まれたのであろう。「連合国が与えた終戦の機会を日本が拒んだため、やむなく原子爆弾を投下した」という作り話は、原爆投下の正当性を説明する一つの根拠となり得るからだと思われる。このシナリオは、トルーマン大統領とバーンズ国務長官が作り上げたもので、ポツダム宣言は日本政府によって拒絶されなければならなかった。

このように、日本政府がポツダム宣言を拒否した事実がないにもかかわらず、アメリカ政府の公式見解は「日本はポツダム宣言を拒否した」となっていて、しかもそれが原爆投下の正当性と結びつけられているのは、歴史の皮肉といえよう。

ソ連ではなくスウェーデンに仲介を頼んでいたら……

ところが、日本が水面下でポツダム宣言の内容を検討中であるとの情報を、アメリカはマジック報告によって摑んでいた。東郷外相と佐藤尚武駐ソ大使との電報のやり取りのほとんどをアメリカは傍受していたため、情報は筒抜けだったのだ。そのやり取りのなかで、八月二日に東郷外相が佐藤大使に送った電文には、重要な一文があった。天皇が特使をソ連に派遺し、和平の仲介を依頼する件について「『ポツダム』三国宣言を我方条件考究の基礎とし度《た》き所存なり」と書かれている（MAGIC, No. 1225, August 2, 1945, RG 457, NA.／『終戦史録（四）』三四ページ）。つまり、ソ連を仲介役として交渉する条件は、ポツダム宣言を基礎として行ないたいということだ。

しかも、八月三日付のマジック報告は、「日本陸軍の和平交渉に対する関心」という小見出しで、陸軍省の諜報官が、東郷外相から佐藤大使に宛てた電文のなかで「初めて、日本陸軍はソ連の援助によって戦争を終結させることに関心を示しているという記述が見られる」と報告している（MAGIC, No. 1226, August 3, 1945, RG 457, NA.）。これまで陸軍は和平にもっとも無関心だと思われていたが、その変化は日本の降伏の可能性を考えるうえで、極めて重要な情報である。これは日本に転機が訪れていることを意味していた。

そしてこれらのマジック報告は、確実にトルーマン大統領とバーンズ国務長官の手元に届いていた。バーンズの補佐官を務めていたウォルター・ブラウンの日記の八月三日の条《くだり》には、次の一文がある。

オーガスタ船上にて。大統領、リーヒ、ＪＦＢ〔ジェームズ・バーンズ国務長官〕は日本が平和を求めていることを確認した（リーヒには太平洋戦域から別の報告も届いていた）。日本が、スウェーデンのような国ではなく、ほかならぬロシアを通じて和平を訴えていることを、大統領は危惧していた。（WB's Book, August 3, 1945, Folder 602, Byrnes Papers, CUL.）

もしトルーマンとバーンズが、何とか原爆使用を回避しようと考えていたなら、日本がポツダム宣言に対してどのような反応をするか、注意深く観察したに違いない。だが、日本が和平を求めているという情報は、かなり前から繰り返しもたらされていたが、常に「原爆投下」の選択肢を最優先にしてきた二人には、どうも興味がなかったようである。

そしてトルーマン大統領は、日本がポツダム宣言を基本に和平を実現しようとしていることを承知しながら、原爆投下の命令を下した、いや、正確に言えば、七月二十五日付で投下命令は出ているので、「原爆投下中止の命令を下さなかった」のである。

それでいて、トルーマン大統領声明は「彼らの指導者は、たちどころにその通告を拒否した」というのであるから、その主張は、政治的に創作された話であることがわかるであろう。

ところでトルーマン大統領が、日本が和平の仲介を依頼している国がソ連であることを危惧していたという点は興味深い。ポツダム会談が開催されたことから、表面上は米ソは友好関係にありつつ、実際は化かし合いをしている関係であり、既に米ソ冷戦は始まっていたと評価しても差し支えないだろう。

日本も明治維新以来、常にソ連を仮想敵国としてきたし、実際にロシア時代には、日露戦争で交戦した経験もあった。日本は、歴史的に敵国であり続けたソ連を友好国とし、間もなく騙《だま》し討ちを喰らうことになる。日本が和平の仲介を依頼する国として、ソ連は不適格極まりなかった。もし日本がこの時、ソ連ではなくスウェーデンに仲介を依頼していたら、どうなっていたであろうか。

広島市街上空に突如、出現した火の玉

おそらくトルーマン大統領にとって、日本政府から公式な声明を出すかどうか、その内容が「黙殺」なのか「拒否」なのか、それはどうでもよい問題だったであろう。トルーマンが気にしていたのは、日本が降伏を表明するかどうか、その一点だった。もし日本から「降伏」の意思表示があれば、原爆投下の中止を命じるし、それがなければ、ただそのまま時間が経過するのを待っていればよかった。ソ連が参戦する前に、何としても原子爆弾を投下し

ようと考えていたトルーマン大統領とバーンズ国務長官とて、日本が降伏の意思表示をしたあと、原子爆弾を浴びせることはできないという理性は持ち合わせていたと思われる。

二個の原子爆弾を投下することは、七月二十五日の命令書によって現場に伝達されている。八月三日以降で、天候などの条件が合致したもっとも早い日に、一個目の原子爆弾が投下され、その後、二個目の原子爆弾も準備が整い次第、すぐに投下されることが決定していたのだ。したがって早ければ八月三日、遅くともそれから一週間以内には、一個目の原子爆弾が投下されることになる。

一方でスターリン書記長もポツダムからモスクワに帰ると、一日も早く対日参戦するために、動き回った。ポツダム会談で辛酸を嘗《な》めたスターリンは、何としても日本が降伏する前に参戦するつもりでいた。七月二十六日に最後通牒であるポツダム宣言が発せられたため、アメリカは早ければ八月初旬には原子爆弾を使用すると予測された。もし日本が原子爆弾によって降伏してしまったら、ソ連の出る幕はなくなる。日本が降伏する前に、できればアメリカが原子爆弾を使用する前に、対日参戦しなければならなかった。

一個目の原子爆弾「リトルボーイ」が作戦準備を完了したのは七月三十一日だった。しかし台風の影響により、八月五日になって、翌日に作戦を実行することが決定された。「リト

原爆投下後の広島市街（写真提供：ＡＦＰ＝時事）

ルボーイ」を搭載したＢ－29爆撃機「エノラ・ゲイ」がテニアン島を離陸したのが、現地時間の午前二時四十五分、そして日本時間の午前八時十五分、第一投下目標の広島に原子爆弾が投下された。

投弾目標は、広島市街中心部の相生橋《あいおいばし》だった。高度九四六七メートルから投下された「リトルボーイ」は、五三三・四メートルの地点で爆発。炸裂直後の火の玉の直径は約一〇〇メートルで、その温度は数百万度から一〇〇〇万度と、太陽の内部温度に匹敵した。まさに広島市街上空に「太陽」が出現したのと同じことである。重さ約四トンの「リトルボーイ」そのものは、瞬時にして気化してガスになった。上空の火の玉は想像を絶するほどの高圧力のため、衝撃波を伴って秒速約九〇メートルで膨張し、広島の市街を呑み込んでいった。

また、炸裂した瞬間に発せられた熱線は、光の速さで地面に達し、あらゆるものを焼き尽くした。地面は放射熱と伝導熱によって一〇〇〇度の高温に達したと見られている。そして、発生した猛烈な衝撃波は秒速三五〇メートル以上の速度で地面に広がっていき、家屋を吹き飛ばしていった。その後、巨大なキノコ雲が形成され、爆発から一分後には、その高さは九〇〇〇メートルに達した。

広島に原子爆弾が投下された時、一〇万人から一四万人が即死し、その後五年間でさらに一〇万人が死亡することになる。

原爆投下が日本を終戦に導いた事実はない

トルーマン大統領が、原爆投下の報せを受け取ったのは、ドイツ・ポツダムから帰国する途中の大西洋を渡る巡洋艦オーガスタ号の船上だった。イギリスのプリマスを出発して四日後のことである。

乗組員たちと昼食を共にしていた大統領は、フランク・グラハム海軍大佐からメモを受け取ると、舞い上がり、グラハムの手を握って「これは歴史上最も偉大な出来事である」と述べた。メモには「大きな爆弾がワシントン時間八月五日午後七時十五分広島に投下された。最初の報告によれば、先の実験よりもより顕著にして完全なる成功であったことが明らかである」と書かれていた。そのメモを見たバーンズ国務長官も歓喜の叫び声を上げたという。

ホワイトハウスはこの日、あらかじめ準備してあった、広島への原爆投下に関する大統領声明を発表した。文面の抜粋は先に掲載したとおりである。ここには原爆投下は真珠湾攻撃への報復であること、日本はポツダム宣言をたちどころに拒否したことが述べられていた。

トルーマン大統領とバーンズ国務長官は、原爆投下によって直ちに日本が降伏することを期待していたが、しかし、実際にはそうはならなかった。大統領の側近たちが揃って心配していたとおりになったのである。

広島に特殊爆弾が投下されたとの第一報が宮中に届いたのは、八月六日午後七時過ぎのことだった。広島市の大部分が破壊されたため、現地と連絡がつかず、軍が被害状況を把握するのに時間を要した。そのため、宮中への一報も夕刻となった。この時点では「市街の大半が倒潰」「被害甚大」という程度の通報だったが、間もなく第一総軍から「大爆発に続いて市内に大火災が発生し、午後二時現在、なお延焼中」との情報がもたらされた（『昭和天皇実録（巻三四）』二七ページ）。

陸軍省は、この日の午後の時点で、広島に落とされた爆弾が「異常に高性能」であると把握し、鈴木首相に伝えられたが、いまだそれが原子爆弾であるとの確証はなかった。翌七日午前一時三十分ごろ（日本時間）にアメリカのラジオが「広島への原爆投下に関する大統領声明」を流し、広島に投下された爆弾が「原子爆弾」であることを発表した。

大統領声明の内容が昭和天皇に伝えられた時間は『昭和天皇実録』には明記されていないが、放送があった七日未明から、七日午前中にかけてのあいだのことであると思われる。記録上、昭和天皇が広島への原子爆弾の投下について初めて言及なさったのが、七日の午後のことだった。木戸幸一内大臣は拝謁時のことを「時局収拾につき御宸念《しんねん》あり、種々御下問あり」と記している（『木戸幸一日記』一二二二ページ）。どのような御言葉があったかは明らかでないが、広島で多くの国民が災難に遭ったことに心を痛めておいでだったことが想像できよう。

政府と統帥部のなかでも、とりわけ早い段階で終戦を口にしたのは東郷茂徳外務大臣だった。広島に原子爆弾が落とされた翌日七日の朝、この問題で関係閣僚会議が開かれると、東郷外務大臣は、原子爆弾の出現は、軍にも戦争終結の理由を与えることになるため、ポツダム宣言を基礎に終戦を考えてはいかがかと問題提起した。ところが他の閣僚たちは、外務大臣のこの提案に興味を示さず、議題として取り上げられることもなかったという(『終戦史録(四)』五七～五八ページ)。

アメリカが使用した爆弾がどのようなものであるかを知るため、大本営は現地に調査団を派遣する。しかし、飛行機の準備が遅れたため、調査団が現地に到着したのは八日の夕方だった。この対応の遅さから、少なくとも統帥部は原子爆弾によって直ちに終戦に向かうという意識を持っていなかったと見られる。

そして、記録のうえで、具体的な天皇の御意思が初めて示されたのは、八日の午後のことだった。東郷茂徳外務大臣が参内し、七日に傍受した新型爆弾に関するアメリカ側の発表とそれに関連する事項を報告し、これを機に戦争終結を決すべき旨を言上した。これに対して昭和天皇は次のように仰せになった。

このような新武器が使われるようになっては、もうこれ以上、戦争を続けることは出来ない。不可能である。有利な条件を得ようとして時期を逸してはならぬ。なるべく速やかに戦争を終結するよう努力せよ。このことを木戸内大臣、鈴木首相にも伝えよ。

（藤田尚徳『侍従長の回想』一二五ページ、『昭和天皇実録（巻三四）』二九〜三〇ページ）

原子爆弾が使用されたことは、昭和天皇に一定の衝撃を与えたように思われる。被害の実態が明らかになり、早期終戦に向けて「努力」するように御下命になった。

これを受けて東郷外相は、昭和天皇の思召《おぼしめし》を木戸幸一内大臣と鈴木首相に伝え、首相に至急、最高戦争指導会議を召集することを申し入れ、翌九日の朝にそれは開かれることになった。

原爆投下が日本に一定の衝撃を与えたことは確かである。しかしそれが直ちに終戦を決定する流れを作ったかといえば、そうではなかった。原爆投下当日の情報収集が遅くなったのは仕方ないとしても、大本営が調査団を現地に到達させたのが八日の夕方で、投下から二日半が経過していた。七日の朝の閣議でも、外相がポツダム宣言による終戦を提言しても、議題にすら上げられなかった。八日に昭和天皇の思召が伝えられてから、ようやく九日の朝に最高戦争指導会議が開催される運びとなったほどである。結局、原子爆弾の投下は、政治に一定の影響は与えたが、ポツダム宣言による終戦に直接結びつけられることはなく、原子爆弾が日本を終戦に導いたという事実はない、と結論するほかない。

さらに二日も繰り上げられたソ連の対日参戦

広島への原爆投下の報せを受けたスターリン書記長は、大きな衝撃を受けて落胆したに違いない。アメリカが原子爆弾を使用するより前に対日参戦するつもりだったからである。トルーマン大統領が、ポツダム宣言にソ連を署名させなかったのは、ソ連を関与させることなく日本を降伏させる意図があることは明白で、ソ連に対する敵対行為以外の何物でもなかった。しかも、ソ連の目先で原子爆弾を爆発させること自体が、ソ連に対する当てつけのようにも思えたであろう。スターリンはその状況を挽回するために、何としてもアメリカが原子爆弾を使う前に、対日参戦するつもりだった。

対日参戦の予定日は八月十一日で、あと五日ある。スターリンは、広島に原子爆弾が落とされたことで、日本が降伏してしまうことを危惧していた。五日間のあいだに日本が降伏してしまえば、ソ連の出る幕はない。トルーマンが日本の和平に対する動きにあまり興味を示さなかったのとは対照的に、スターリンは、日本がどのような反応を示すか、注意深く観察していたのである。

しかし、日本は原子爆弾を投下されても直ちに降伏する気配を見せなかった。このことがスターリンを勇気づけた。

日本はソ連を仲介役とした和平交渉をすることを強く望んでいた。それが、日本にとっての唯一の終戦方針だった。そこで日本の外務省は、佐藤尚武駐ソ大使を通じて、天皇特使の近衛文麿をソ連に派遣するので、受け入れてくれるように再三ソ連に要請していた。ソ連は対日参戦をヤルタ会談で約束していたので、この日本の要請を受け入れるつもりはなかったが、のらりくらりと対応することで、日本にソ連は味方であると思い込ませておき、準備ができ次第、一気に日本に攻め込む計画だった。そのため、日本が特使受け入れを要請しても、ソ連側は、それをわざと拒否せずに、スターリン書記長とモロトフ外務大臣はベルリンに出張中ですぐに返事はできないという含みを残した返答を繰り返していた。

佐藤大使は原子爆弾が投下された八月六日にも、近衛特使派遣の件につき回答がほしいので、ベルリンから帰国したモロトフ外相と会いたいと要請していたが、同じ要請が翌七日にもあった。この情報は、スターリンをさらに勇気づけた。

原子爆弾が投下されたにもかかわらず、日本はなおソ連を通じた和平交渉を望んでいることが判明したからである。このことは、日本はアメリカと直接和平交渉をしないこと、つまり、原爆投下によって日本が直ちにポツダム宣言を受諾する意思がないことを意味していた。むしろ日本は原爆投下によって、今まで以上にソ連に依存するようになったのであり、事実、日本は縋《すが》りつくような思いで、ソ連からの回答を催促していたのである。原爆投下はソ連にとって思わぬ効果をもたらした。

スターリンとしては、日本の交渉に応じるような素振りをしておいて、日本の降伏を引き延ばし、そのあいだに参戦すればよかったのである。日本がなおソ連の仲介を求めていることがわかった七日、スターリンは、日本への攻撃を開始する時間を、さらに四十八時間繰り上げることを下命した。ソ連の対日参戦は八月九日に設定された。

「本日は重要な通告をなさねばならぬ」

ヤルタ協定は、ソ連が対日参戦する前提として、中国と友好条約を結ぶことを明記している。スターリンは八月七日にモスクワに入った中国国民政府の宋子文外務大臣と条約締結の交渉をするが、結局、合意には至らなかった。だがスターリンは国民政府との条約締結を待たず、対日参戦することを決定した。それは約定違反だが、アメリカと国民政府は異議を唱えないであろうという、スターリン一流の老獪《ろうかい》な政治判断だった。

七日の夜、佐藤大使は翌八日午後八時（モスクワ時間）にモロトフ外相が会見に応じるという連絡を受けた。これで日本の未来が拓けるかと思えた。ところが、会見の時間を翌日の夜と設定したのは、ソ連の罠《わな》だった。ソ連外相が会見に応じるということは、近衛特使を受け入れるという前向きの回答が得られることを期待して当然である。八日午後八時まで日本はソ連に対して何ら警戒することがなかった。

その後、午後五時に変更するとの通知を受け、佐藤大使はその時間にクレムリンに行った。大使が案内されてモロトフ外相の部屋に入ると、モロトフが立ち上がったので、佐藤はいつもどおりロシア語で挨拶を述べようとすると、モロトフは手を上げてこれを制し、「本日は重要な通告をなさねばならぬ」と言って、佐藤に座るように合図し、ロシア語で書かれた文書を読みはじめたという。佐藤大使は近衛特使受け入れの回答をもらうつもりだったが、受け取ったのは日本に対するソ連政府の宣戦布告だったのだ（佐藤尚武『回顧八十年』四九七〜四九九ページ）。

宣戦布告文は、日本がポツダム宣言を拒否したから、日本のソ連に対する調停申し入れは、その基礎を失った。ゆえにソ連は連合国の要請に基づいて、終戦催促のために対日参戦する。八月九日に戦争状態に入る、という内容だった。

この文書で注目しておきたいのは、日本がポツダム宣言を拒否したというのが参戦の理由とされていることである。日本がポツダム宣言を拒絶したということ自体は、アメリカによる創作であり事実と異なるが、これが原爆投下の理由にされた。スターリンも、それを対日参戦の理由として取り上げた。また、連合国がソ連に参戦を要請したというのは、出鱈目《でたらめ》で事実と異なる。これもまた、ソ連が参戦して満州一帯を実際に占領してしまえば、のちにアメリカ、イギリス、国民政府などから嘘を指摘されることはないという、スターリン一流の政治判断だった。

しかも、宣戦布告文では曖昧にされていたが、九日零時というのは、実はモスクワ時間ではなく、ザバイカル（外バイカル。バイカル湖の東）時間だった。ということは、佐藤大使がモロトフ外相から宣戦布告文を受け取った八日午後五時過ぎは、参戦まで一時間を切っていたのである。これもソ連の巧妙な偽計だった。

そして日本時間の八月九日午前零時、日本とソ連のあいだには昭和二十一年（一九四六）三月まで有効な日ソ中立条約があるにもかかわらず、極東に集結していたソ連軍一五〇万は、怒濤のように満州と朝鮮に攻め込んできたのである。

第七章

原爆でもソ連参戦でもなかった降伏の真相

日本を絶望の淵に陥れたソ連参戦の報せ

アメリカの本土侵攻作戦を迎え撃つために、帝国陸海軍は勢力を結集させ、来るべき決戦に備えていた。日本の軍人たちの戦闘意欲は旺盛で、たとえ東京が大空襲によって焼かれようが、広島に原子爆弾が投下されようが、その意欲に衰えは見られなかった。しかし、背後から友好国であるはずのソ連が襲いかかってきた時、帝国軍は為す術《すべ》を失い、その闘争心は一瞬にして瓦解した。

日本が終戦を決断した理由が「原子爆弾」であるか「ソ連参戦」であるかは、これまで日米の学者たちのあいだで盛んに議論されてきたことである。第七章では、ソ連参戦からポツダム宣言受諾に至る経緯を眺めながら、「原子爆弾」と「ソ連参戦」の二つの要素がどのように関係したかを考えていきたい。そのような作業を通じて、日本が降伏した理由を明らかにしたうえで、アメリカの国家指導者たちの読みがどこまで正しかったかを検討する。

そして、ソ連が参戦したことを知ったトルーマン大統領は、なぜ長崎への原爆投下を中止しなかったのか。あれほどまで「天皇の地位の保障」を拒絶していた大統領が、原子爆弾を投下した直後には、なぜ簡単に「天皇の地位の保障」を認めたのか、その謎に迫りたい。

ソ連参戦の報せは、日本を絶望の淵に陥れた。ソ連を仲介役として和平交渉を妥結に導くというのが日本の終戦方針だったが、ソ連参戦でこの目論見は瞬時にして崩れ去った。また、日本の本州でアメリカを迎え撃つ本土決戦は、ソ連が中立であることを前提にした作戦であったため、ソ連参戦によってこれも根底から覆った。ソ連を仲介役とした和平が頓挫《とんざ》し、アメリカとソ連の両方を相手とする本土決戦が遂行不能となれば、ポツダム宣言を受諾する以外にとるべき選択肢は存在しない。いよいよ終戦を決定する時が訪れたのである。

ソ連参戦の衝撃が甚大だったことは、八月九日の日本の首脳の動きを見ればわかる。まず、早朝、麻布広尾にある東郷外務大臣宅に、東郷茂徳外相、松本俊一外務次官ら外務省の四首脳が集まり、直ちにポツダム宣言を受諾すべきと意見が一致した。

内閣書記官長の迫水久常《さこみずひさつね》は、ソ連参戦の第一報を鈴木貫太郎首相に電話で伝え、早朝に小石川丸山町の鈴木首相の自宅に行くと、間もなく東郷外相がそこに加わり、三人で協議した。東郷外相は「昨八日広島の原爆投下のことから至急構成員会議〔最高戦争指導会議〕を開いてもらいたい旨要求していたが、ソ連参戦を見た以上、急速に戦争の終結を決定する必要がある」と述べ、鈴木首相はこれに賛意を示した（『終戦史録（四）』九八ページ）。原爆投下への対応を協議する予定だった最高戦争指導会議は、ソ連参戦によって、終戦を決定する会議としての性格を持つことになった。三人で話し合いをした時のことを、鈴木は自伝に次のように書き残している。

余は瞬間、満ソ国境を堰を切ったように侵攻して来る戦車群が想像され、満州の守備兵が、本土決戦の都合上その重要な部分を内地に移動していることをも考えた。このままソ連の侵攻を迎えたならば、二ヶ月とは持ち耐え得ないであろうことも考えられた。ついに終戦の最後的瞬間が来たなと、余は我と我が胸に語りきかせ、傍らの迫水君に対して静かに、「いよいよ来るものが来ましたね」と語ったのである。そして陛下の思召を実行に移すのは今だと思った。

（『鈴木貫太郎自伝』二九四～二九五ページ）

この時、迫水は、内閣が取り得る措置として、内閣総辞職、ポツダム宣言受諾、戦争継続の三つを挙げたところ、鈴木首相は「この内閣で結末をつけることにしましょう」と終戦への意思を語ると、「ともかく陛下の思召を伺ってからにしましょう」と言って宮中へ急いだ。

鈴木首相が終戦を決意したのは、この三人の話し合いの時だったと思われる。「陛下の思召を伺ってから」とはいうものの、それは鈴木の決意の表れに違いない。本来なら内閣が決定した事項を上奏して天皇の裁可を得るものだが、事があまりに重大であることから、まず内々に自分が陛下の思召を拝して、それを実現させる決意をしたものと見られる。

鈴木は長いあいだ昭和天皇の侍従長をしていた経験があり、昭和天皇の叡慮《えいりょ》を察することができた。昭和天皇は必ず和平をお望みになるということを、確信していたのであろう。

総理私邸を出た東郷外相は、そのまま米内光政《よないみつまさ》海軍大臣を訪れ、首相の考えを伝えると、米内海相もこれに賛同したという。阿南惟幾陸軍大臣が強硬な陸軍の意思を代弁すると予測される以上、米内海相が和平を説くのは、外相としては大変心強く思ったに違いない。

終戦を決定するように指示した昭和天皇

昭和天皇が最終的にポツダム宣言の受諾をご決断になったのは、ソ連参戦が原因だったであろうことは、これまで推測されてきたが、平成二十六年（二〇一四）に『昭和天皇実録』が公開されると、そのことがあらためて確認された。

昭和天皇が第一報を受けたのは、九日午前九時三十七分だった。参内した梅津美治郎参謀総長が、ソ連が日本に対して宣戦を布告し、満州に侵入した旨を伝えたところ、昭和天皇は直ちに木戸内大臣をお召しになった。木戸内大臣が拝謁したのは午前九時五十五分。この時、昭和天皇は次のように仰せになった。

ソ連が我国に対し宣戦し、本日より交戦状態に入れり。就《つい》ては戦局の収拾につき急速に研究決定の要ありと思ふ故、首相と充分懇談するように。

(『木戸幸一日記』一二二三ページ、『昭和天皇実録(巻三四)』三一ページ)

広島に原子爆弾が投下された時は、二日後に「なるべく速やかに戦争を終結するよう努力せよ」との御言葉があったが、ソ連参戦の時は、第一報がもたらされた直後に沙汰があり、しかも戦争終結の「努力」ではなく「研究決定」と表現された。「努力せよ」から「決定せよ」に格上げされたことは、大きな変化であるといえよう。

それに原子爆弾投下のあとは、それなりに宮中は騒がしく、鈴木首相、阿南陸軍大臣など六件の拝謁の記録がある(『昭和天皇実録(巻三四)』二七ページ)。しかし、ソ連参戦の情報が伝えられたこの日は、その比ではなかった。

昭和天皇は、ソ連参戦の情報を受けると、およそ十分後には木戸内大臣に終戦を決定するように御下命になっただけでなく、矢継ぎ早に重臣たちとの面会をこなしていった。『昭和天皇実録』には夥《おびただ》しい数の賜謁の記録がある。

八月九日
午前九時三十七分、梅津美治郎参謀総長に賜謁
午前九時五十五分、木戸幸一内大臣に賜謁
午前十時、米内光政海軍大臣に賜謁
午前十時十五分、石渡荘太郎《いしわたりそうたろう》宮内大臣に賜謁
午後一時四十五分、阿南惟幾陸軍大臣に賜謁
午後三時十分、木戸内大臣に賜謁
午後四時四十三分、木戸内大臣に賜謁
午後五時三十五分、梅津美治郎参謀総長に賜謁
午後十時五十分、木戸内大臣に賜謁
午後十時五十五分、鈴木貫太郎内閣総理大臣と東郷茂徳外務大臣に賜謁

午後十一時二十分、最高戦争指導会議への親臨に関する内閣上奏書類を裁可の後、木戸内大臣に賜謁

（『昭和天皇実録（巻三四）』三〇〜三四ページ）

アメリカが広島へ原子爆弾を投下した声明があった八月七日と、ソ連参戦が伝えられた八月九日とでは、まるで宮中の様子が異なっていることがわかるだろう。

このように、広島へ一つ目の原子爆弾が投下されたことで、昭和天皇は、戦争の継続が困難であることから、終戦を急ぐ「努力」をするように指示したが、降伏を決定するには至らなかった。ところがソ連参戦の報せを受けた時、昭和天皇は、長崎へ二つ目の原子爆弾が投下されるのを待つことなく、終戦を直ちに「決定」するように指示し、それにより、間もなく日本の降伏が公式決定されることになる。

ところで、この日は午前十一時二分に長崎に二個目の原子爆弾が投下された。西部軍管区司令部がこのことを発表したのは午後二時四十五分。既に昭和天皇が戦争終結を「決定」するように命じたあとだった。

また、戦後に昭和天皇が自ら次のように語っていらっしゃる。

「スターリン」は会議から帰つた后《あと》も、返事を寄越さず、その中に、不幸にして「ソビエト」の宣戦布告となつた。こうなつては最早無条件降伏の外はない。

（『昭和天皇独白録』一二一ページ）

したがって、このような歴史史料から、昭和天皇がポツダム宣言受諾による終戦をご決意になったのは、広島や長崎への原爆投下ではなく、ソ連参戦だったことが明白である。

午前十時十分に参内した鈴木首相は、木戸幸一内大臣から聖慮《せいりょ》を受け、二人で、御前会議で陛下の御聖断により、ポツダム宣言受諾を決するという方針が確認された。

そして、午前十一時前から、皇居の地下室で最高戦争指導会議が開かれた。ポツダム宣言を「天皇の地位」を確認するだけで直ちに受諾すべきであるという東郷外相の意見と、その条件とは別に占領は認めないこと、武装解除は自主的に行なうこと、戦争犯罪人の処罰は日本が行なうことの三条件をつけるべきであるという阿南陸相の意見が対立した。この対立は深夜の御前会議にまで持ち越されることになる。さて、この会議の途中で長崎に二個目の原子爆弾が投下されたという報せが入った。しかし、そのことが特別議論に影響を与えた形跡はない。結局、論は尽きずに結論を得ないまま、会議は午後一時に閉会となった。議論は物別れになったとはいえ、この時点でポツダム宣言を受諾して戦争を終わらせることについては、意見が一致したことを確認しておきたい。

その後、午後二時半から首相官邸で緊急の閣議が開かれたが、付帯する条件をめぐり、やはり議論は平行線を辿り、午後五時三十分に結論が出ないまま一旦休会となり、午後六時半に再開するも、午後十時に至ってもなお議論は決せず、鈴木首相が討論の打ち切りを宣言した。そして、議論は最高戦争指導会議の御前会議に持ち越されることになった。

八月九日午後十一時三十分、皇居の地下防空壕の会議室で、最高戦争指導会議の御前会議が行なわれた。ポツダム宣言受諾の条件をめぐって約三時間の白熱した議論の末、鈴木首相が陛下の御聖断を仰ぎたいと申し上げたところ、昭和天皇から外務大臣の案に賛成するとの御聖断が下った。

「原爆投下」時と「ソ連参戦」時の議論の違い

八月九日の朝から十日未明に至るまで、最高戦争指導会議と閣議を合わせると、議論は約十一時間三十分に及んだ。この議論の主たる論点は、ポツダム宣言受諾にあたって、条件をつけるかどうかであって、「戦争終結」と「戦争継続」の対立でなかったことは重要である。阿南陸相も、終戦に反対していたわけではないところに注目してほしい。阿南陸相は、戦争の早期終結に賛成することを前提とし、ポツダム宣言受諾にあたり「天皇の地位」を確認するだけでなく、その他に三つの条件を付すべきであると主張していた。そして、もしその三条件が受け入れられないのであれば、徹底抗戦すべきだという主張であり、何も戦争継続ありきの主張ではなかった。

ではなぜ九日の一連の議論は、最初から戦争終結を前提としていたかといえば、それは「ソ連参戦」があったからにほかならない。先述のとおり、広島に原子爆弾が投下されたあと、閣議で東郷外相がポツダム宣言による終戦を提案するも、議題に上がることなく却下された経緯がある。ところがソ連参戦が伝わると、強硬派の阿南陸相ですら条件を付してポツダム宣言を受諾すべきであると主張するに至った。ソ連参戦の前と後とでは、その差は歴然としている。

たしかに、外務省は広島への原爆投下によって、ポツダム宣言による終戦を提案した。これに対して、当時まったく終戦の意思がなかったのが陸軍省と参謀本部、そして軍令部だった。なかでも参謀本部と軍令部は本土決戦の「決号作戦」を立案している部署で、本州での決戦に自信を持っていたため、ポツダム宣言の受諾には反対だった。

では、なぜ徹底抗戦を是としていた彼らが戦争終結に傾いたかといえば、やはり「ソ連参戦」以外にその原因を見出すことはできない。本土決戦は、帝国陸海軍の持ち得る全勢力を結集させて、上陸する米軍を水際で迎え撃つ作戦で、これは陸海軍の残存兵力数百万が総特攻を敢行するに等しく、米軍と差し違えてでも国を護ろうとするものだった。

しかし、それは相手がアメリカだけだから勝てる望みを持てるものであって、満州、朝鮮、樺太、千島、北海道、そして日本本州に侵攻してくる一五〇万のソ連軍を迎え撃ちながら、同時にアメリカが仕掛ける史上空前の上陸部隊と戦うなど、まったく不可能であった。ソ連の参戦で、日本は選択肢を失ったのである。

もし原爆投下がポツダム宣言受諾を導いたのなら、八月九日の諸会議は「原爆投下」が主たる議論になったに違いない。ところが、それについてはほとんど論じられた形跡がない。記録を辿っても、一回目の臨時閣議で阿南陸相が、捕虜から得た原子爆弾に関する情報として、「次は東京である」「原子弾はなほ百発あり一ヶ月に三発できる」などと報告した。ところが、そのような報告があっても、それ以上質問を受けることもなく、会議の方向に何ら影響を与えたようには見えない。その他は、御前会議で平沼騏一郎《きいちろう》枢密院議長が、原子爆弾に対する防御について統帥部に質問した記録があるほかは、若干触れられた程度である（下村海南『終戦記』一一五～一二一ページ、『終戦史録（四）』一四七～一五五ページ）。

これまで日米の学者たちが、日本を降伏に導いたのが「原爆投下」か「ソ連参戦」かで議論を交わしてきたことは述べた。アメリカでは原爆投下の影響が大きかったと主張する学者が多く、日本ではソ連参戦の影響を重視する傾向がある。無論、この二つの要素をまったく切り離して議論することはできず、日本がポツダム宣言を受諾する際、両方の影響が少なからずあったことは当然であろう。ただ、原子爆弾によって日本は降伏を決めたという主張は、原爆投下に関するアメリカ政府の公式見解「早期終戦・人命節約論」を擁護するものであり、アメリカでは学問的にだけでなく、政治的な目的でも盛んに主張されてきた。

しかし、マッカーサーの軍事秘書を務めたボナー・フェラーズ准将が戦後に論文で「原爆は降伏という天皇の決定を導いておらず、また、戦争の帰趨にも何らの影響も及ぼしていなかったようだ」(Bonner Fellers, "Hirohito's Struggle to Surrender", Reader's Digest, July, 1947, pp. 90-95.)と述べているように、日本の国家指導者たちの議論を緻密に拾っていくと、原爆投下は一部勢力を終戦に傾かせたのは事実だが、強硬派をも巻き込み、終戦の決定を導いたのは「ソ連参戦」であることがわかる。

ソ連参戦によってトルーマンは救われた？

さて、ソ連参戦はアメリカにも大きな衝撃を与えた。トルーマン大統領は八月九日午後三時にホワイトハウスで記者会見を開き、簡潔な声明を発表した。

私は簡単な発表を一つだけしたい。きょうは正規の記者会見はできないが、この発表は特に重要なので、記者各位にお集まり願った次第です。ソ連が対日宣戦布告をしました。それだけです。（『トルーマン回顧録（I）』三〇六ページ）

この短い声明は、トルーマンの失望感を表現しているように思える。ヤルタ会談で、ソ連は中国との平和条約を締結するまでは参戦しないと決まっているうえに、ポツダムでは参戦日を八月十五日と聞いていたため、九日の参戦に驚いた。しかも、六日に日本に原子爆弾を使用してから三日になるが、まだ日本は降伏する様子を見せないため、焦っていたのかもしれない。

ソ連の対日参戦は日ソ中立条約に違反するが、当事国でないうえに、日本と交戦中のアメリカがそれを指摘する立場にはない。また、侵攻する前に中国との平和条約を結ぶ条件は、ヤルタ協定での約束だが、秘密協定を暴露することができなかったため、アメリカ側には苛立ちがあった。

だが、ソ連が参戦したら、日本は必ず降伏するであろうことを、アメリカの国家指導者たちは承知していた。ポツダム会談の初日、ソ連のスターリン書記長が八月十五日に対日戦争に参戦する旨を確約すると、トルーマン大統領はその日の日記に「それ〔ソ連参戦〕が起こればジャップは終わりだ」(七月十七日条)と書いたことからも、それはわかる。この記述は大統領がソ連参戦により日本が降伏する可能性があると考えていたこと、もしくは原子爆弾を使用しなくても、本土侵攻なしに戦争を終結させられる可能性があると考えていたことを示唆している。

もしかしたら結果的には「ソ連参戦」によって、トルーマン大統領は救われたかもしれない。なぜなら二個の原子爆弾を投下してもなお日本が降伏しない場合、原子爆弾によって大勢の民間人を殺戮しておきながら、日本を降伏させられず、終戦を早めることができなかったことについて、強い批判を受けるに違いなかったからである。その場合、政権を保つことも困難だったかもしれない。

また「原子爆弾は戦争終結を早めた」というのが、原爆投下の正当性を説明するうえで不可欠であるから、ソ連参戦は、原爆使用の正当性の根拠までをトルーマン大統領に与えてくれたことになろうか。

ところで、ソ連参戦から約十一時間後に長崎へ原子爆弾が投下されているが、トルーマン大統領はなぜ、ソ連参戦の事実を知りながら、長崎への原爆投下を中止しなかったのであろうか。少なくともトルーマンは長崎への攻撃中止を命じなかったし、それを検討した形跡も見られない。もちろん、大統領が側近たちに、長崎への原爆投下の可否を検討させた事実もない。

もし原子爆弾が、トルーマン大統領が自ら言うように、戦争終結を早めることが目的ならば、少なくともソ連参戦が現実のものとなった時点で、長崎の原爆投下は不必要だったはずである。

にもかかわらず、大統領が攻撃を中止しなかった理由は、論理的には次の二つしか考えられない。一つは、二個目の原子爆弾を使用してのみ、日本を降伏させられると信じていた。もう一つは、原子爆弾を使用する目的は、本当は「戦争の早期終結」ではなかった。

そして一個目の原子爆弾では日本は降伏させられないが、二個目を使用してのみ日本を降伏させ得るという主張が、合理的に説明されたことは、これまで一度もないし、何個の原子爆弾で日本が降伏するかなど、大統領周辺で検討された形跡も見られない。長崎原爆を中止しなかった点からも、トルーマンが原子爆弾を投下した理由は、「早期終戦」ではないことを証明しているといえる。

何度も繰り返すが、トルーマンとバーンズは、戦争を早く終わらせるため、という軍事的必要性ではなく、政治的な目的で原子爆弾を使用したと考えざるを得ないのだ。

一貫して戦争終結をお望みになった昭和天皇

一方、昭和天皇がソ連参戦の報せを受けて、直ちに終戦をご決断になった旨を先に示したが、昭和天皇は原子爆弾が使用される以前から、終戦を模索しておいでであり、原子爆弾やソ連参戦で初めて終戦を思い立ったわけではなかった。

それではいつごろから、昭和天皇は終戦を思し召されるようになったのであろうか。私は、昭和二十年(一九四五)新春に発表された新年歌会始《うたかいはじめ》の御製《ぎょせい》から、その片鱗を垣間見ることができるのではないかと思う。

風さむきしもよの月に世を祈る　ひろまへ清くうめかをるなり

冷たい風が吹く霜の降りる夜に、梅のほのかな香りが漂う神前で、一人月に向かって世を祈る天皇のお姿が浮かび上がってくる、清らかで緊迫した御製である。「風さむき」は我が国が置かれた困難な状況を指し、「ひろまへ」はそれとは対照的に霊験と静寂を保つ賢所《かしこどころ》を象徴するかのようである。祈る天皇の姿は捨て身そのもので、その祈りは「天下泰平」以外の何物でもないであろう。

天皇へ奏上する情報は、内閣と統帥部が独占していたが、この時期に昭和天皇は内閣総理大臣経験者をお召しになり、時局収拾のための懇談を希望なさった。これは、昭和天皇が戦争終結のためになした最初の行動となる。

そして、天皇の終戦への思いが格段と強くなったのは、昭和二十年三月十日の東京大空襲であると思われる。八日後の三月十八日、昭和天皇は自らのご意思により、被害地をご視察になった。途中車中で藤田尚徳侍従長に、焦土と化した東京をお嘆きになり、関東大震災後の巡視の際よりも今回のほうが遥かに無惨であり、一段と胸が痛むとの御言葉を発せられた。そしてこの日、昭和天皇は次の御製をお詠みになった。

戦のわざはひうけし国民《くにたみ》を　おもふこころにいでたちてきぬ

この御製からは、昭和天皇の、国民にこれ以上の苦しみを嘗めさせることはできないという強い決意が読み取れよう。

その後、戦況はさらに悪化の一途を辿り、六月二十一日、木戸幸一内大臣が昭和天皇に、大胆な提案をした。内大臣とは、宮中にあって天皇を補佐し、宮中の文書事務などを所管する政府機関である。木戸はまず戦争を終結させるため、この際、果断なる手段を打つことが必要だと思います、と前置きし、軍から和平を提唱し、政府が案を決定のうえ、交渉するのが正道ですが、今それはほとんど不可能ですから、もしこれによれば、恐らく時機を失しまず。極めて異例ではありますが、万民のため、天皇陛下の御勇断をお願い申し上げ、戦局の収拾に邁進するほかありません、と天皇の御聖断によって戦争を終結させるべきことを言上した。

帝国憲法下で確立された慣行によれば、天皇から政府や統帥部への意思表明は、内大臣の輔弼《ほひつ》によって行なわれなければならない。その内大臣が「天皇の意思表示」を決心したことにより、時局は大きく動き出すことになった。

そして、翌日の六月二十二日に行なわれた最高戦争指導会議で、昭和天皇が初めて和平を口になさった。昭和天皇から、戦争の指導については既に決定しているけれども、「他面戦争の終結に就きても此際従来の観念に囚はるゝことなく、速に具体的研究を遂げ、之が実現に努力せむことを望む」との御言葉があった（『木戸幸一日記』一二一三ページ）のである。このように六月の段階で、静かながらも昭和天皇は和平実現に向けて具体的行動を起こしていらっしゃった。

しかしそれにもかかわらず、なぜ昭和天皇はソ連参戦まで降伏を決意なさらなかったのであろうか。一つ目の理由は、陸海軍の一部には、最後まで徹底抗戦すべきであると考える好戦派がいて、天皇が早期に戦争を終結させようとした場合、かなりの確率で彼らがクーデターを起こすと心配されたからであろう。

実際に八月十四日にポツダム宣言受諾を決定すると、八月十五日未明、本土決戦を望む陸軍の青年将校たちが決起した。彼らは、まず近衛第一師団長を殺害して偽の師団長命令書を発し、部隊を動かして本当に一時、皇居を軍事占領してしまった。幸いにして未明のうちに鎮圧され、事なきを得たが、一つ間違えば終戦は水泡に帰す可能性もあった。

戦争継続が絶望的となったソ連参戦後ですら、このようなクーデター未遂事件が起きたのであるから、ましてソ連参戦前に、天皇が和平を決定したと伝われば、必ずやより大規模な叛乱が起きたであろうし、そうなると信じられていたのである。

また、昭和天皇がソ連参戦まで降伏を決意しなかったもう一つの理由は、既に述べたように、日本はソ連を通じての和平交渉を模索していて、ソ連に仲介を依頼していたからである。

もし日本がソ連を飛び越えてアメリカと直接交渉すれば、それはソ連を通じた和平交渉を覆すことになる。そのため昭和天皇に限らず、日本の国家指導者たちは、最後までソ連を通じた和平を模索していたのだ。

このように、ソ連参戦によって、陸海軍の主戦派を抑えて戦争終結を実現させる状況が初めて整った。昭和天皇はそれ以前から一貫して戦争終結を望んでいらっしゃったが、ソ連参戦によって、戦争を終結させる状況が整ったと思し召され、八月九日に終戦を決定するように仰せになった、と理解すべきであろう。

巧妙に組み立てられた「バーンズ回答」

さて、八月十日未明の御前会議で昭和天皇の御聖断が下ると、帝国政府は、スイス政府とスウェーデン政府を通じ、連合国にポツダム宣言受諾の申し入れをするために、明け方までに電文が起案された。十日午前中に発送された電報は次のとおりである。

帝国政府は昭和二十年七月二十六日米英支三国首脳により共同に決定発表せられ爾後「ソ」連邦政府の参加を見たる対本邦共同宣言〔ポツダム宣言〕に挙げられたる条件中には天皇の国家統治の大権（the prerogatives of His Majesty as a sovereign ruler）を変更するの要求を包括し居らざることの了解の下に帝国政府は右宣言を受諾す。帝国政府は右の了解に誤なく貴国政府がその旨明確なる意思を速かに表明せられんことを切望す。

（『終戦史録（四）』一六〇〜一六一ページ）

つまりポツダム宣言には、「天皇の国家統治の大権」を変更する要求が含まれていないという了解のもとで、帝国政府は同宣言を受諾するということである。そこには、この了解でよいか返答してほしいという一文が付されている。同盟通信がポツダム宣言受諾のニュースを放送したため、トルーマン大統領は公式な申し入れよりも早く電文の内容を知ることになった。

この日本の受諾文を手にしたトルーマン大統領は、当初はこのまま受諾すればよいと考えた。スチムソン陸軍長官とウィリアム・リーヒ大統領付参謀長は、日本の申し入れを承認すべきという意見を述べた。だが、バーンズ国務長官が遅れてホワイトハウスに入ると、状況は変わった。

バーンズは、もしそこで条件をつけるとすれば、それは日本からではなく、連合国からでなくてはならないと述べたところ、トルーマンはバーンズの意見に賛成し、その起草を命じた。

バーンズは「無条件降伏」であることを前面に出す必要があり、強い言葉を使いつつも、同時に天皇の地位を暗に認めるようなメッセージにしなくてはいけないと考えたようで、次の文案を作成し、これが大統領の承認を受けたうえで、日本に通知されることになるのである。

通称：「バーンズ回答」

降伏の時より天皇及び日本国政府の国家統治の権限（the authority of the Emperor and the Japanese Government to rule the state）は降伏条項の実施の為其の必要と認むる措置を執る連合国軍最高司令官の制限の下に置かるるものとす（be subject to）〔中略〕最終的に日本国の政府の形態（the ultimate form of government of Japan）は「ポツダム」宣言に遵《したが》ひ日本国国民の自由に表明する意思により決定せらるべきものとす」

（『終戦史録（四）』二一〇～二一五ページ）

この文章は実に巧妙に組み立てられている。一見、日本と交渉した印象はなく、日本に何か譲歩したように思われる箇所もない。しかしながらよく読むと、天皇は最高司令官の下に置かれるという高圧的な表現をとりつつ、それはすなわち、天皇を直ちに退位させたり、廃止したりしないことを暗に伝えている。また、日本人が最終的に政府の形態を定めてよいということなので、日本人が望めば、当然、立憲君主国として現皇室を残すことが許されることを意味しているのだ。

あっさりと認められた「天皇の地位の保障」

実は、トルーマン大統領とバーンズ国務長官には、このような極めて技術的な文章を書かなくてはいけない事情があったと思われる。既に示したとおり、昭和二十年（一九四五）六月時点でのアメリカの世論調査では、約九対一の割合で日本の「条件付降伏」よりも「無条件降伏」が支持されていた。アメリカ国民は、真珠湾攻撃の恨みを晴らすために、大統領には、日本を完膚なきまでに叩き潰してほしいと思っていた。

したがって大統領が日本との交渉に乗り、または日本に何らかの譲歩をしたと思われたら、国民から強く批判される可能性があった。ゆえにバーンズは、このような文案を起草しなくてはならなかったのであろう。

それにしても不思議なのは、トルーマンとバーンズは、これまで本書で指摘してきたように、「天皇の地位の保障」を頑なに拒んできたにもかかわらず、原爆投下四日後に日本から降伏の申し入れが届くと、なぜ瞬時に天皇の地位を保障することを快諾したのであろうか。

トルーマンが大統領に就任してすぐ、大統領の側近のほとんどは、日本が無条件降伏を受け入れる可能性はなく、最低でも天皇の地位を保障しないかぎり降伏はあり得ない、と大統領に対して口を揃えて助言していた。そうした助言は高官たちの個人的な感情ではなく、アメリカが世界に張り巡らせた情報網を通じて得た情報を分析した結果だった。

結局、ポツダムで日本への共同声明が発表されることになり、スチムソン陸軍長官は、国務省と摺り合わせをして、声明文案に天皇の地位を保障する文言を書き入れていた。にもかかわらず、トルーマンとバーンズはこれを握り潰し、結局、天皇については一切言及しない声明が発せられたのである。

ポツダム宣言発表の二日前には、スチムソンが大統領に、天皇条項が含まれるかどうかは、日本が降伏勧告を受け入れるか拒否するかの分かれ目になると言って、天皇条項を復活させるべきであると強く進言したが、大統領は聞く耳を持たなかったことも先に論じた。トルーマンとバーンズは「天皇の地位の保障」をあれほどまでに強く拒絶していたのに、なぜ途中で瞬時に翻って認めたのだろうか。

おそらくトルーマンとバーンズにとって、最終的に日本の天皇が存続しようが廃絶しようが、然程《さほど》興味はなかったからであろう。天皇のあり方にこだわりがあってのことなら、これほど簡単に手のひらを返したように認めることはない。そして二人は、次の二つの理由で

「天皇の地位」に執着していたと推測できる。

まず一点は、先述のとおり、世論に対するポーズである。しかし、最終的には「バーンズ回答」で技術的な表現を用いることで乗り越えているのであるから、もっと早い段階で「天皇の地位」を認める方針を立てることはできたはずだ。

二点目は、日本を降伏させないためである。日本に原子爆弾を使用するためには、日本が早期に降伏してもらっては困る。そのため、あえて日本が受け入れにくくなるような条件を提示する必要があり、天皇条項を明記することを拒んだ。

恐らく、その二点目が二人の本心だったであろう。そうでなければ、この二人の翻りぶりを説明することはできない。アメリカが所有していた原子爆弾は二個だった。広島と長崎に一個ずつ投下したあとは、いつ日本が降伏してくれてもよい。いや、原爆を二個投下したからには、早く日本が降伏してくれないと具合が悪い。よって、原子爆弾の投下が完了するまでは日本が降伏しないように「天皇の地位の保障」を拒み、投下が完了したあとは、むしろ早く日本に降伏してほしいから「天皇の地位の保障」を伝えたのではないか。もしそうであるならば、日本人の心は原子爆弾を落とすための道具として活用され、ゲーム感覚で弄《もてあそ》ばれていたことになる。

「バーンズ回答」こそが降伏の決め手だった

八月十二日未明、サンフランシスコとワシントンからのラジオ放送を通じて、バーンズ回答が発表された。バーンズ回答の文言をめぐっては、日本側で議論が蒸し返されることになった。先述のように、バーンズ回答を「暗に天皇の地位を認めるもの」と読めばよいが、ひとたび悪く読もうとすると、どこまでも悪く読めてしまう。たとえば英文中の「be subject to」を「制限の下に置かれる」(外務省訳)と訳すか「隷属する」(陸軍省訳)と訳すかでは、かなり印象が異なる。

外務省は好意的に読もうと心がけたが、特に陸軍省は拒否反応を示した。陸軍省軍務局が用意した「バーンズ回答」の説明資料には、「天皇ノ上ニ統治者アリ之国体ノ根本的破壊ナリ(中略)断シテ容認シ得ス」と書かれている(『参謀本部所蔵――敗戦の記録』二八六〜二八七ページ)。そして、再び議論が紛糾することになった。

十二日午前八時四十分には、梅津参謀総長と豊田軍令部総長が参内し、天皇と政府が最高司令官に従属することなどの問題点を指摘し、昭和天皇にポツダム宣言を拒否すべきであると奏上した。次いで十一時五分には、東郷外相が参内し、この回答を受け入れるべき旨を言上したところ、昭和天皇は「先方の回答どおり応諾するよう取り計らい、なお、首相にもその主旨を伝え」よと仰せられた（『昭和天皇実録（巻三四）』三九〜四〇ページ、『木戸幸一日記（下）』一二二五ページ）。

八月十三日に開催された最高戦争指導会議でも、首相・外相・海相と陸相・参謀総長・軍令部総長が再び三対三に分かれて、大激論となった。外相らはこのまま受諾すべきであると説き、陸相らは、これでは国体が護持できないから、再照会して明確な回答を得るべきであると説いた。再び議論は平行線となった。四時近くには閣議が開かれ、やはり同じように議論は尽きることなく、三時間に及ぶ審議を経たが、意見の統一はならなかった。

そして運命の八月十四日午前十時五十分、宮中で御前会議が開かれた。反対意見として梅津参謀総長、豊田軍令部総長、阿南陸相が所信を言上し、鈴木首相が再度の御聖断を仰いだところ、昭和天皇から次の御言葉があった。

外に別段意見の発言がなければ私の考を述べる。反対側の意見はそれぞれ能《よ》く聞いたが私の考は此前に申したことに変りはない。私は世界の現状と国内の事情とを十分検討した結果、これ以上戦争を継続することは無理だと考へる。国体問題に就《つい》て色々疑義があると云ふことであるが、私は此回答文の文意を通じて先方は相当好意を持つて居るものと解釈する。先方の態度に一抹の不安があると云ふのも一応は尤《もっと》もだが私はさう疑ひたくない。要は我国民全体の信念と覚悟の問題であると思ふから、此際先方の申入を受諾してよろしいと考へる、どうか皆もさう考へて貰ひたい。更に陸海軍の将兵にとつて武装の解除なり保障占領と云ふ様なことは誠に堪へ難い事で夫等《それら》の心持は私には良くわかる。しかし自分は如何にならうとも万民の生命を助けたい。此上戦争を続けては結局我邦が全く焦土となり万民にこれ以上の苦悩を嘗《な》めさせることは私としては実に忍び難い。祖宗の霊にお応へが出来ない。和平の手段によるとしても素より先方の遣り方に全幅の信頼を措き難いことは当然ではあるが、日本が全く無くなるという結果にくらべて、少しでも種子が残りさへすれば更に又復興と云ふ光明も考へられる。私は明治大帝が涙を呑んで思ひ切られたる三国干渉当時の御苦衷をしのび、此際耐え難きを耐え、忍び難きを忍び一致協力、将来の回復に立ち直りたいと思ふ。今日まで戦場に在て陣没し或は殉職して非命に倒れたる者、又其遺族を思ふときは悲嘆に堪へぬ次第である。又戦傷を負ひ戦災を蒙《こうむ》り家業を失ひたる者の生活に至りては私の深く心配するところである。此際私としてなすべきことがあれば何でも厭《いと》はない。国民に呼びかけることが良ければ私は何時でも「マイク」の前にも立つ。一般国民には今まで何も知らせずに居つたのであるから突然此決定を聞く場合動揺も甚しいであらう。陸海軍将兵には更に動揺も大きいであらう。この気持をなだめることは相当困難なことであらうが、どうか私の心持をよく理解して陸海軍大臣は共に努力し、良く治まる様にして貰ひたい。必要があらば自分が親しく説き諭してもかまはない。此際詔書《しようしよ》を出す必要もあらうから政府は早速其起案をしてもらひたい。以上は私の考えである。

（下村海南『終戦記』一五〇～一五一ページ）

二回目の御聖断が下った。

散会後、午後に閣議が開かれたが、もはや自分の意見に固執する者はなく、終戦詔書の文面が審議され、全閣僚の副署が揃ったのは午後十一時近くになっていた。鈴木首相は参内して閣議決定を上奏し、昭和天皇の裁可を受け、ここにポツダム宣言を受諾する国家意思が確定した。

この章を締めるにあたり、一つ確認しておきたいことがある。日本が最終的に降伏する判断を下したのは、原子爆弾でもなく、ソ連参戦でもなく、実はこの「バーンズ回答」だったという事実である。ソ連の参戦によって戦争継続の望みが失われた状況で、国家指導者たちは各々思う条件があったようだが、最終的には激しい議論の末、「バーンズ回答」のなかに見え隠れする、暗に天皇の地位を保障するように読み取れるかもしれない部分に、アメリカの誠実なることを期待して、これを受諾することを決したのだった。閣僚と両統帥部長は、最終的には一人の造反者も出すことなく、全員揃って「バーンズ回答」を受諾することで、「ポツダム宣言」を文面のまま受け入れることを決定したのである。

第八章 アメリカの行為は疑いなく戦争犯罪である

時とともに増えた「原爆で救われた人命」

原子爆弾の投下が正当だと言い得るには、二つの条件を満たす必要がある。一つは、軍事的必要性があったか、もう一つは、人道的配慮があったかである。本書ではこれまで軍事的必要性の有無を評価するのに必要な考察を重ねてきた。そのため、大方の議論は済んでいるが、一つだけ未解決の問題がある。それは、もしアメリカが原子爆弾を使用せずに、その結果として日本本土侵攻作戦を実行したら、およそ何人の米兵が落命したかという問題である。

第八章では、アメリカの教科書が言うように、原爆投下は本当に一〇〇万人のアメリカ兵の命を救ったのかという点を検証し、さらに、アメリカの原爆投下の正当性について論点を整理し、正当性の有無を論じていきたい。

第一章で示したように、原爆投下後、八月九日の大統領声明は「我々は戦争の苦しみを早く終わらせるために、数多くの命を、数多くのアメリカの青年を救うために、原爆を投下したのである」と述べ、これはアメリカ政府の解釈として定着し、現在にまで至る。本書ではこれまで、原爆投下によって終戦が早まり、多くの人の命が救われたという主張を「早期終戦・人命節約論」と呼んできた。

また、第二章でも示したように、現在でもアメリカの歴史教科書には、原爆投下によって大勢のアメリカ兵の命が救われたと書かれている。人数に言及している教科書をいくつか紹介しよう。

アメリカの国家指導者は、日本への侵攻作戦が行なわれれば、強い抵抗に遭い、一〇〇万人もの命が失われるかもしれないと心配した。

(History of a Free Nation, Glencoe-McGraw Hill, 1994, p. 875.)

原子爆弾の投下は、最終的に死者の数をより少なくすると思われた。アメリカ軍は、もし日本本土を侵攻した場合、一〇〇万人のアメリカ人が死亡すると見積もっていた。

(The United States and Its People, Addison-Wesley, 1993, p. 660.)

原子爆弾の投下がなければ、日本はおそらくあと何カ月は戦争を続けていたと見られた。

このことは、これまで繰り返し「原爆は一〇〇万人ものアメリカ人の命を救った」と主張されてきたことを擁護している。(American Odyssey, Glencoe-McGraw Hill, 2002, p. 519.)

はたして原子爆弾は、本当に一〇〇万人ものアメリカ人の命を救ったのであろうか。一体どのように「早期終戦・人命節約論」が主張されているか、その根拠を探っていきたい。

トルーマンが最初に「早期終戦・人命節約論」を述べたのは、昭和二十年(一九四五)八月九日のラジオでの声明だった。そこでトルーマンは、「数多くのアメリカの青年を救うため」と述べるにとどまり、具体的な人数を示してはいない。

歴史学者のJ・サミュエル・ウォーカー氏によると、トルーマンが述べる救われた人命の数は、次に示すように、時間が経過するにしたがって増えているという。

「二五万人のアメリカ兵の命」(一九四六年)

「二五万人のアメリカ兵の生命と『同数の日本の若者』」(一九四八年)

「五〇万人の死傷者」(一九四九年)

「何百万という命」(一九五九年)

「一二万五〇〇〇人のアメリカ兵の命と一二万五〇〇〇人の『日本の若者』」（一九六三年）
（J・サミュエル・ウォーカー『原爆投下とトルーマン』一五三〜一五四ページ）

トルーマン大統領は、その時々でかなり異なった人数を口にしている。また、死者と死傷者の区別も曖昧である。あまり根拠のある数字でないことは明らかだ。ウォーカー氏によると、このような数字を、チャーチル、マーシャル、グローブス、バーンズをはじめ、軍人や政治家たちが用いるようになったという。その結果、アメリカ人の多くがそれを歴史の事実として理解するようになったのであろう。

「一〇〇万人」と最初に言い出したのは誰か

さて、今では「一〇〇万」という数字がよく用いられるが、政府の高官で最初に「一〇〇万」を用いたのは、スチムソン陸軍長官だった。『ハーパーズ・マガジン』の昭和二十二年（一九四七）二月号に掲載された「原子爆弾投下の決定」という論文に、「短く見積もっても一九四六年の後半まで本格的な戦闘が続いただろう。このような作戦により、米軍だけでも一〇〇万人以上の犠牲者が出たであろうとの報告を受けている」と記述し(Stinson, "The Decision to Use the Atomic Bomb", Harper's Magazine 194〔February, 1947〕: 97-107. p.102.)、これが「一〇〇万人神話」の起源となった。

論文中にはその根拠が示されていないが、戦争中に軍が見積もった数字はいずれもより小さいものであり、「一〇〇万人」の根拠は不明である。戦争中に作成された作戦計画書のなかで、最大の犠牲者を予測しているのは、米軍の日本侵攻作戦が行なわれた場合の死者が四万人から四万六〇〇〇人というものだった。

トルーマン大統領は、昭和二十年(一九四五)六月に、日本本土を侵攻する場合と、空襲と海上封鎖のみを行なう場合とで、要する時間と、払う犠牲について推計するように命じた。統合参謀本部が大統領に見解を示したのは、六月十八日のことである。この時、ジョージ・マーシャル参謀総長は、昭和二十年十一月一日に、九州への上陸作戦を開始するように準備し、そのあとに本州侵攻作戦を実行することを提案した。空からの攻撃では戦争を止めさせるのには不十分とも語った。

しかし犠牲について、統合参謀本部は具体的な言及は避け、「九州侵攻を実施する際の初めの三十日間に、ルソン島で払った犠牲を上回るべきではない」とし、死傷者数を約三万一〇〇〇人と算定。それ以上、正確な数字を提示することはなかった。大統領も、それ以上を追求していない。そして死者数は曖昧のまま、トルーマン大統領は九州侵攻作戦を承認し、本州侵攻作戦の承認は後日に譲った（"Minutes of Meeting Held at the White House on Monday 18 June 1945", in The Decision to Drop the Atomic Bomb on Japan, vol. 1 of Documentary History of the Truman Presidency, 1995, pp. 49-93.）。

原子爆弾の投下にあたっては、アメリカ兵の命が救われることをあれほど重視した大統領だが、もしかしたら多大なる被害を出すかもしれない日本侵攻作戦を承認するにあたって、死傷者数にあまり大きなこだわりはなく、十分な議論もなく作戦を承認していることに違和感を覚える人は多いであろう。

日本侵攻作戦が実施された場合の死傷者推計に関しては、これまでアメリカで盛んに議論されてきた。バートン・J・バーンスタインは六月十八日に九州侵攻作戦が承認された会議で、トルーマン大統領に報告された推定死亡者数が、数十万人には到底至らないことを指摘した。そのうえで、「日本侵攻で被ることになる膨大な連合軍側の死傷者数に関して戦後なされた主張を支持する記録はない」と結論している（Bernstein, "A postwar Myth", 38-40. John Ray Skates, The Invasion of Japan: Alternative to the Bomb, Columbia: University of South Carolina Press, 1994.）。

この主張に対する反論も多数あったが、大統領の側近で、大統領に日本侵攻作戦で数十万人ものアメリカ兵が死亡すると報告した、と証明した者はいない。したがってアメリカでも、学者の世界では「早期終戦・人命節約論」は支持されていない。ただし一般国民は、政府見解であり、教科書にも記載されているそれを信じる傾向が強いようである。

一〇〇万人の犠牲者を出す作戦に許可は下りない

では、もし六月十八日の会議の席で、日本侵攻作戦で一〇〇万人の戦死者が見込まれると提案されていたなら、はたしてトルーマン大統領はその作戦に許可を与えたであろうか。この日、統合参謀本部は「死者四万六〇〇〇人」という報告書をあえて大統領に示さなかった。そして、犠牲については先述のように曖昧な説明をしたのである。提案者が四万六〇〇〇人の犠牲を憚《はばか》って口にできない状況で、一〇〇万人の犠牲者を見込む作戦を提案したら、瞬時に却下されたに違いない。沖縄戦で米兵一万二五〇〇人が戦死したことで、既にアメリカでは厭戦気分が高まりはじめていた。アメリカは高度な民主主義国家であり、国民が一〇〇万人を戦死させる大統領を支えることはないであろう。

また、日本侵攻作戦が実行されるためには、そのほかにも越えなければならない条件がある。それは、ソ連参戦がないことだ。ポツダム会談でスターリンは八月中旬に対日参戦すると表明していて、それはソ連にとって大きな国益になることであるから、確実に実行されると見込まれていた。そしてソ連が参戦すれば、トルーマン大統領の「ジャップは終わりだ」発言に象徴されるように、日本はたちまち降伏するであろうことを大統領とその側近は知っていた。しかも、彼らは原子爆弾を投下することで、日本は降伏すると信じていたのであるから（実際は違ったが）、日本侵攻作戦が発動するには、①原子爆弾を二個投下しても日本が降伏しないこと、②ソ連が対日参戦しても日本が降伏しないこと、この条件を満たして、九州侵攻作戦の予定日である昭和二十年（一九四五）十一月一日を迎えなければならない。

はたしてソ連参戦だけで、あるいは原爆投下だけで日本は降伏すると信じていたアメリカの国家指導者たちが、本当に日本侵攻作戦が行なわれると思っていただろうか。否、原子爆弾とソ連参戦の二つのオプションがあれば、日本侵攻作戦が発動される余地は、ほとんどないことを彼らは知っていたに違いない。

しかも万一、日本侵攻作戦が現実味を帯びた場合、必ず事前に綿密な犠牲者の見積もりをするはずである。そこで一〇〇万人が戦死すると報告されても、大統領がそれを承認しなければ、やはり日本上陸作戦は実行されない。したがって、どのような場面を想定しても、やはり日本上陸作戦が実行される状況は生じ得ない。

ということは、トルーマン大統領は、一体何を守るために原子爆弾を投下したというのであろうか。一〇〇万人の命を守るための決断を下したというのがフィクションであることは、大統領自身がいちばんわかっているのではないか。いや、そもそも戦闘員の犠牲を抑えるために、民間人を無差別で殺戮することが許されるという理屈はない。

大統領が原子爆弾を使用するか否かの二者択一の重大な決定を下したという主張と、原爆投下によって戦争が早く終わり、多くの人命が救われたという主張（早期終戦・人命節約論）は、合わせて「原爆神話」と呼ばれている。そしてその二つは共に、八月九日の大統領声明と、先述のスチムソン論文が起源である。

二者択一の重大な決定をしたというのもまったくの作り話であることは、本書を読み進めてきた読者ならわかることであろう。トルーマン大統領は、自ら一度も原子爆弾を投下することの是非を検討した形跡はなく、それを側近たちに検討させた形跡すらない。ルーズベルト大統領の時代に決定されたことが、そのまま継承され、トルーマン政権として再検討をしないまま、原爆投下に踏み切ったのだった。

この二つの点がいずれも事実と異なるとすると、現在のアメリカ政府の公式見解と、アメリカの教科書の記述は、戦後のアメリカ政府が作り上げたフィクションということになる。

「原爆神話」を熱烈に支持してきた日本

第三章からここまで、アメリカが原子爆弾を使用したことに軍事的必要性はあったのか、じっくり検討を加えてきた。アメリカでは、大統領自らが八月九日の声明で「早期終戦・人命節約論」を唱えて、原爆投下は軍事的必要性があったと訴え、昭和二十二年（一九四七）のスチムソン論文によってこれが論理的に補強され、それが現在のアメリカ政府の公式見解に受け継がれている。そしてその結果、ほとんどの一般的な現代アメリカ人は、原爆投下が終戦を早め、一〇〇万人のアメリカ兵の命を救ったと信じて疑わない。原爆投下を命じたトルーマン大統領は偉大な大統領であり、キノコ雲は勝利の象徴であって、原子爆弾はアメリカの誇りなのである。

その一般的なアメリカ人の常識のもとになっている政府見解とは、本書で「早期終戦・人命節約論」と称してきたように、①「原子爆弾の投下は終戦を早めた」→②「それにより、一〇〇万人のアメリカ兵の命が救われた」という論理構造になっている。しかし、本書が検証してきたように、実際は「原子爆弾の投下は日本の降伏を早めなかった」「原子爆弾は一〇〇万人の米兵の命を救っていない」と結論せざるを得ないのだ。

それどころか、「原子爆弾の投下は日本の降伏を早めなかった」を補強する主張として、㋑原爆投下がなくともソ連参戦によって日本は降伏した、㋺原爆投下とソ連参戦の両方がなくとも日本は間もなく降伏した、㋩原子爆弾を投下しても日本は降伏する意思を示さなかった、㋥アメリカは原子爆弾の開発まで日本を降伏させない策をとったため、原子爆弾はむしろ日本の降伏を遅らせた、という論点もある。このうち、一つでも成立したら、論理的には、アメリカの原爆投下に軍事的必要性は認められない。

このように、もし原爆投下が正当であると主張するのであれば、少なくとも今列挙した全ての争点を論破しなければならないのであって、原爆投下の正当性を主張することが、いかに困難であるかがおわかりいただけたかと思う。

それだけではない。「原爆神話」は、大統領は二者択一を迫られたという物語だが、実際には原爆投下の代替案は本土侵攻作戦以外にも、有力な選択肢があった。本書においては、大統領が取り得る四つの選択肢を示してきた。A案「原爆使用」、B案「ソ連参戦」、C案

「降伏条件緩和の声明」、D案「本土侵攻作戦」である。B案とC案こそが、A案「原爆投下」の代わりとなり得る選択肢だった。原爆神話の信奉者が、B案とC案をじっくりと眺めてもなお、A案「原爆投下」が最上の選択肢と言えるだろうか。「二者択一」という物語は、原子爆弾を見る目を曇らせるのではないか。そこでもし原爆投下の軍事的必要性が否定されてしまったら、原爆投下は正義でも、誇りでも、何でもなくなってしまう。そのような価値観は、アメリカ社会としては到底、受け入れることができない価値観であろう。

トルーマン大統領とバーンズ国務長官が作り上げ、戦後のアメリカの政権が固めてきた「原爆神話」という壮大なフィクションは、原爆投下を正当化し、戦争犯罪を覆い隠すためのものではなかったか。しかし、その責任の一端は日本にもある。「原爆神話」の重要な要素である「原爆投下は終戦を早めた」という部分を、世界中でいちばん熱烈に支持してきたのは、日本人だったからだ。

アメリカ人が目を背ける「人道的配慮」の問題

さて、多くの紙幅を費やして論じてきた原爆投下の「軍事的必要性」の有無のほかにも、まったく別次元の問題だが、原爆投下の議論に欠かすことができない論点がある。この論点もアメリカでは、ほとんど論じられてこなかった。もしかしたらアメリカ人がもっとも考えたくない事柄かもしれない。しかし、だからこそ日本人と一緒に考えてほしい、と私は思う。その論点とは、原爆投下の「人道的考慮」の問題である。

原爆投下を含むあらゆる武力闘争を正当だと言い得るには、「軍事的必要性」と「人道的考慮」の二つの原理を満たさなくてはならない。なぜなら、それは国際社会が承認している国際法の基本的な考え方だからである。

したがって、もしアメリカが正義の戦争を戦ったというのであれば、原爆投下にも「軍事的必要性」と「人道的考慮」の両方が備わっていると主張しなくてはならない。もし片方が否定されたら、それは「違法」と判断される。それは、別の言葉に置き換えれば「戦争犯罪」ということになる。

ちなみに、一口に「戦争犯罪」といっても様々で、東京裁判からは新しい罪が加わり、現在は「通常の戦争犯罪」「平和に対する罪」「人道に対する罪」の三つの類型がある。ただし、「人道に対する罪」は戦時に限らず、平時でも適用される。また当時の戦時国際法は、必ずしも現在の国際法と同一ではないが、原爆投下について考察するのであれば、当時の戦時国際法で考えなくてはならないであろう。

もしアメリカの原爆投下行為が「軍事的必要性」か「人道的考慮」を欠いていた場合、その行為は「通常の戦争犯罪」となる。また、もし「人道的考慮」が著しく欠けていると、場合によってはその行為は「人道に対する罪」とされることもある。

当時は、戦争自体は違法とされていなかったので、「軍事的必要性」を重視する傾向があり、他方、大戦後に国連憲章が成立すると、戦争が違法化されたため、現在では「人道的考慮」をより重視する傾向がある。つまり、当時は多少人道的考慮を欠いていても、それを上回る大きな軍事的必要性があれば、正当性を主張することも可能であった。

先に結論を述べてしまえば、アメリカが狙っているのはまさにこの点である。つまり、原爆投下は極めて残虐な戦闘手段であって、「人道的考慮」の観点からは問題はあるけれども、それを上回る「軍事的必要性」、つまり一〇〇万人のアメリカ兵の命が救われるから、正当な行為だったと主張できる、と考えているに違いない。

したがって、トルーマン大統領（実際にはバーンズ国務長官）が作り出したフィクション「原爆神話」は、国民を納得させて誇りまで持たせた挙句、当時の戦時国際法上、唯一、合法を主張可能な説明をしていることになる。バーンズの戦略的な知能の高さにはただ脱帽するのみだ。

そのような事情があるため、原子爆弾の投下によって救われた人命は、原子爆弾によって失われた人命の何倍も多くなくてはならなかった。広島と長崎で約三〇万人が命を落としていることを考慮すると、救われた兵士の数は最低でも「一〇〇万人」は必要だった。よってこの「一〇〇万人」という数字は何も感情的な数字ではなく、よく考えられた極めて政治的な数字だったといえる。アメリカの教科書が原爆犠牲者の数を少なく評価しているのもこれが原因であると思われる。

「ハーグ陸戦規則」が設ける戦争の禁止事項

そこで、広島と長崎への原子爆弾投下の戦争犯罪性について検討する。まず「通例の戦争犯罪」から眺めてみたい。当時の戦時国際法である『ハーグ陸戦規則』(明治三十二年〔一八九九〕、オランダ・ハーグにて採択)には、戦闘手段と戦争方法について次のような禁止事項を設けている。戦闘手段については、たとえば「不必要な苦痛」を与えてはいけないとされる(第二三条ホ)。「不必要な苦痛」とは、軍事的効果を超えて人に精神的・肉体的苦悶を与えることと定義されている。原子爆弾は、多くの人に生涯にわたって原爆症の苦痛を与えるものであり、この規定は、まさに原子爆弾のためにあると言っても過言ではない。

次に、戦闘手段については「軍事目標主義」を掲げ、一般住民と非軍事施設を保護するため、無差別の攻撃を禁止する規定を設けている（第二五条～第二七条）。防守都市と無防守都市を区別し、占領に対して抵抗する都市（防守都市）に対しては無差別攻撃が許されるが、そうでない都市に対しては、軍事目標の攻撃のみが許される。たしかに広島と長崎には軍事施設や軍需工場がある。しかし、いずれも占領に対して抵抗する都市ではないため、無差別攻撃は許されず、市街地への攻撃は違法とされる。広島と長崎への原爆投下は、この規定にも違反しているというべきだ。

また、ワシントン軍縮会議で設置された戦時法規改正委員会において、日本、アメリカ、イギリスなどの六カ国が大正十二年（一九二三）に署名した報告書で「空戦法規」が定められた。これは条約化されなかったため、実定法ではないが、その後、各国の空戦規範などに組み込まれたため、国際慣習法として定着しているといえる。

「空戦法規」は、非戦闘員・非軍事目標に対する爆撃を禁止し、陸上部隊の作戦行動の直近地域でない地域の爆撃を禁止するのみならず、軍事施設を爆撃する場合であっても民間人への無差別爆撃を伴う場合は、これを避けなければならないとする。広島と長崎への原爆投下は、非戦闘員と非軍事目標に対する爆撃にあたり、民間人への無差別爆撃にも該当するため、空戦法規に違反しているといわねばならない。

次に、「人道に対する罪」に該当する可能性も検討したい。第二次世界大戦後のニュルンベルク裁判（一九四五～一九四六年）における国際軍事裁判所条例第六条は、「人道に対する罪」を次のように定義している。

犯行地の国内法の違反であると否とを問わず、裁判所の管轄に属する犯罪の遂行として、あるいはこれに関連して行われた、戦争前あるいは戦争中にすべての一般人民に対して行われた殺害、せん滅、奴隷化、移送及びその他の非人道的行為、もしくは政治的、人種的または宗教的理由にもとづく迫害行為

広島と長崎への原爆投下は当然、「一般人民の殺害行為」に該当する。このように戦時国際法は「通例の戦争犯罪」と「平和に対する罪」を定義している。そして当時の戦時国際法に照らして、東京地方裁判所の司法判断があるので、次に紹介したい。いわゆる「原爆判決」である。

原爆判決（昭和三十八年〔一九六三〕）

無防守都市に対する原子爆弾の投下行為は、盲目爆撃と同視すべきものであって、当時の国際法に違反する戦闘行為である原子爆弾の破壊力は巨大で、それがはたして「軍事上適切な効果」をもつか、「またその必要があったかどうかは疑わし」く、セント・ペテルスブルグ宣言やハーグ陸戦規則等の諸条約に鑑みると、原子爆弾のもたらす苦痛は、毒、毒ガス以上のものといっても過言ではなく、このような残虐な爆弾を投下した行為は、不必要な苦痛を与えてはならないという戦争法の基本原則に違反している。

（東京地判昭和三八・一二・七下民集一四巻一二号二四三五ページ）

また、戦時復仇については第二章で論じたが、真珠湾では戦闘員が攻撃対象だったのに対し、アメリカによる原爆投下では非戦闘員が対象になっていることをあらためて強調しておきたい。この違いを問わずに正当性を議論することに意味はない。アメリカ人の多くは、原爆投下の正当性として「リメンバー・パールハーバー」を持ち出すが、比較の対象にはなり得ない。また、トルーマン大統領の「早期終戦・人命節約論」が仮に正しくとも、戦闘員の命を救うため、民間人を無差別で虐殺してよいという考え方が、国際法上認められる余地はないことを確認しておきたい。

原爆の目標は最初から「商業地・市街地」だった

では、アメリカは広島と長崎への原爆投下について、どのように攻撃計画を立案したのであろうか。

アメリカが原子爆弾の使用方法について、人道上の観点から議論を提起したのは二回だけだった。一回目は昭和二十年（一九四五）五月二十九日に、スチムソン、マクロイ、マーシャルの話し合いの時、マーシャルが純粋な軍事施設を目標とし、事前に住民に立ち退くように警告すべきと提案した。ところが他の二人はこれを聞き流し、マーシャルもその後、提案した形跡はない。次は、五月三十一日の暫定委員会の昼休みで、約十分間、犠牲を伴わずに原子爆弾を爆発させることを検討したが、検討しただけで終わった。それ以外に、アメリカの高官が人道上の観点から原子爆弾の使用方法を検討した記録はない。

そしてトルーマン大統領の日記には、七月二十四日の出来事として、次のような記述がある。

私は、陸軍長官のスチムソンに、原爆を軍事目標や兵隊や水兵を標的とし、婦女子を標的としない形で使用するように話した。たとえジャップが野蛮で、残忍で、無慈悲で、狂信的であるにしても、我々は、共通の福祉を求める世界の指導者として、この恐ろしい爆弾を日本の新旧の都市に落とすことはできない。その点でスティムソンと同意見だった。目標は純粋に軍事的なものであり、ジャップに降伏して、命拾いをするよう警告の声明を発表するつもりである。

本当にこのように指示をしたのかは実に疑わしい。原子爆弾の最終投下候補地が広島、小倉、新潟、長崎であることを大統領は承知していた。いずれも一定の人口規模のある都市であるから「婦女子を標的としない形」で原子爆弾の使用などできるはずがないことは、大統領自身がもっともよくわかっていたはずである。しかも、あれほど詳細を日記に書き記しているスチムソンはそのようなことを日記に書いていない。さらに、大統領はトリニティー実験の詳細の報告を受けているため、原子爆弾がどのような威力を発揮するかを知っていたはずである。よって、広島と長崎の中心部に原子爆弾を投下して「婦女子」が被害を受けないと思っていた可能性はないであろう。しかも、ポツダム宣言には大統領が日記に書いているように、原爆投下を警告する文は含まれていない。

ところが、米軍の『原爆投下報告書』の下書きの役割を果たしたと見られる『第五〇九混成群団――作戦計画の要約』という資料を見てみると、原爆投下に際して、軍事施設を目標とした事実はない。まず、広島への原爆投下作戦については、「任務実行：一九四五年八月六日」に続けて「攻撃のために選んだ目標　A、第一目標　広島市街地工業地域」と表記されている。初めから市街地を狙うことが作戦命令書に書かれていることは、注目に値する。たしかにこの文書には広島について「工業目標として極めて重要」「陸軍の町」との表記もあるが、目標に広島が選ばれた理由を述べる次の一文は見逃すことができない。

広島が無傷であったことがそれを理想的な目標とした。このことは、原子爆弾が与える被害を正確に評価するために必要であった。この都市の大きさも、一つの重要な選定要因であった。事前のデータによれば、原子爆弾が及ぼす被害は半径七五〇〇フィート（約二・三㎞）と信じられた。市の中心に照準点を置くことにより、予期される被害の円は南部のドック地域を除く広島のほとんど全域を覆った。

（『米軍資料 原爆投下の経緯―ウェンドーヴァーから広島・長崎まで』二一二ページ）

原爆目標地には空爆を禁止する命令が出されていたため、広島は無傷で残っていた。そして、この無傷であったということが、原子爆弾の効果を知るために重視されていたことがこの一文からわかる。そして市街地を中心に据えることで、周辺の工業地帯までも破壊できると予測していることも重大である。「工業地帯を狙った結果、周辺の市街地に被害が及ぶ可能性がある」というならまだしも、これが逆になっていることを確認しておきたい。

次に、長崎の『作戦計画の要約』も検討したい。この日、第一目標の小倉が雲で覆われていたため、二個目の原子爆弾を積んだB－29は第二目標に向かった。目標の長崎について、「第二目標　長崎市街地」と明記している。最初から市街地を攻撃することが計画されていたのだ。続けて「原子爆弾用の目標として長崎の市街を選んだのには三つの理由がある」「1、工業上の重要性　2、被害を受けていない、全体的に処女地である　3、市街の大きさ」としたうえで、次のように説明されている。

本来の長崎には、商業用および公共の建物が、東方と市の中心部に集中している。密集した家々がこれらの建物を囲み、丘に向ってほとんど一つの塊になって広がっている。〔中略〕全ての重要な工業施設は、本来の市街の外側にあることは注目すべきである。長崎が目標として選ばれることになったいま一つの要因は、極東航空軍が市に対して一回の爆撃を加えていたにもかかわらず、以前の爆撃に事実上無傷であったという事実である。極東航空軍の空襲による損害は小さなものであった。市の大きさは原子爆弾の攻撃にとって理想的であった。この都市は二五三、〇〇〇人の人口を有し、福岡と八幡に次いで、九州島で三番目に大きかった。〔中略〕照準点は長崎港東の、市の商業地区に置かれた。七、五〇〇フィート（二・三km）の半径に基づけば、正確に着弾すれば、港の東の市の大部分と、おそらくは西側の海岸まで破壊が及ぶであろうと信じられた。

（『米軍資料 原爆投下の経緯―ウェンドーヴァーから広島・長崎まで』二一七ページ）

まず、爆撃目標は市中心の商業地区で、しかも長崎市は市の中心に市街地が密集しているという。そしてその外側に工業地帯がある。そこまで市の状況を把握しておきながら、目標は工業地帯ではなく、やはり市街地なのである。やはり広島と同じように、市中心部に投下すれば、周辺の工業施設までも破壊されると見込んでいる。

日本人を「獣として扱う」と言ったトルーマン

このように、広島と長崎の商業地・市街地が、つまり非武装の民間人が原子爆弾の投下目標にされていた。広島と長崎への原爆投下は、歴《れつき》とした戦争犯罪であり、アメリカは原爆投下による戦争責任を負うべきであると言わざるを得ない。トルーマン大統領が「婦女子を標的としない形」と述べたことが、いかに事実とかけ離れているかがわかるであろう。

実際に原子爆弾が投下されると、大統領の側近たちのなかには、嫌悪感を書き残した人もいた。その一人がウィリアム・D・リーヒ大統領付参謀長である。リーヒ元帥は一貫して原爆投下に慎重だった。回想録には次のようにある。

自分の意見としては、広島と長崎で使ったこの野蛮な兵器は対日本戦に実質的に役立つようなものではなかった。日本の敗戦はすでに明白であり降伏の用意もできていた。〔中略〕私の個人的な感覚では、この兵器を最初に使った国家として、我々は暗黒時代の野蛮人たちの倫理基準を採用してしまった。私は、そのようなやり方で戦争を遂行することなど教わったことはないし、婦女子を殺して戦争に勝つことなどできない。

（William D. Leahy, I was There, 1963, pp. 324-326.）

リーヒ元帥は、同書で原子爆弾の使用は「対日戦において何の実質的な助けにもならなかった」とも述べている。

では、原爆投下の非人道性について、トルーマン大統領はどのように考えていたのであろうか。広島に原子爆弾が投下された三日後、全米キリスト教会連邦会議のサミュエル・M・カバート事務総長から、「原子爆弾は無差別に破壊する力を持ち、未来の人類に危険な前例を残すことになる」と、原子爆弾の非人道性を指摘する電報が寄せられた。これに対するトルーマンの返事には、次の一文がある。

日本による真珠湾の不当な攻撃と連合軍捕虜の殺害には許せないと思った。日本をこらしめるには爆撃をするしかなかった。獣に対処するには相手を獣として扱うしかない。大変残念なことだが真実である。

（Barton J. Bernstein, The Atomic Bombings Reconsidered, Foreign Affairs 74, 1995.）

獣に対処するには相手を獣として扱うということは、つまり自分自身も獣となって対応するということになろうか。日本が獣かどうかはさておき、この一文から、トルーマン大統領は、原子爆弾は非人道的な兵器であることを知りつつ、これを行使したと読み取ることができる。

現在のアメリカでは原爆投下は非人道的行為とは考えられていないが、これまでの考察により、原爆投下の非人道性を一応は明らかにすることができたと思う。

もう一度、原爆投下の目的を整理する

様々な角度から原爆投下を検証してきた。トルーマン大統領をはじめ、歴代のアメリカ政府が公式に表明してきたのは、原爆投下は「一〇〇万人のアメリカ兵の命を救うため」ということだった。

本書はこれまで、それが軍事的必要性がないばかりか、人道的考慮をも欠いた行為である

ことを述べてきた。では、軍事的必要性がなかったのなら、アメリカは何の目的で原子爆弾を日本に使用したと結論できるであろうか。答えはもう出ていることと思うが、第八章を締めるにあたり、この点を整理したいと思う。

既に述べたように、トルーマン政権下において、大統領とその周辺が、一度も原爆投下の是非を検討した形跡はない。原爆投下の目的と原因については、これまで様々な議論がなされ、主に次のような理由が主張されてきた。

一、ソ連に対して優位な立場に立つため
二、マンハッタン計画費用を正当化するため
三、ルーズベルト政権で作られた「空気」
四、人道精神の欠如
五、人種差別意識

一から三は政治的理由、四と五はアメリカ最高首脳のモラルの問題である。また、一と二は目的であり、三から五は原因に分類されよう。どれが正しいかというよりも、この全て、

もしくは一部が複合的に重なり合って、原爆投下に至ったのではないかと思う。

「一」については、トルーマン大統領とスターリン書記長の狐の化かし合いのようなやり取りを眺めると、アメリカとソ連の冷戦構造は終戦前から既に始まっていて、大戦終結後に米ソ関係がどのようになるかは、両首脳にとって最大の関心事だったといえる。アメリカとしては原子爆弾が開発された以上、ソ連の関与を最小限に抑えたかったであろうし、ソ連は一日も早く対日参戦することで、ヤルタ会談で認められた権益を確保しようと躍起になっていた。戦後ソ連に対して優位に立つには、ソ連参戦前に原子爆弾を使用し、アジアでのソ連の影響力を封じ込めることが、アメリカの国益に寄与するのは明白だった。したがって、原爆投下の主要な目的の一つと考えて差し支えないであろう。

「二」は、アメリカはマンハッタン計画に一八億四五〇〇万ドルという、現在の貨幣価値に置き換えたら二三〇億ドルに相当する巨額の資金を投入してきた手前、原子爆弾を使用してその成果を示す必要があったとの主張である。大統領がそのために原子爆弾を投下したことを記す史料はないが、成果を出せない場合には、議会で責任が追及されたであろうことは想像がつく。主要な目的とは言えないまでも、そのような目に見えない圧力があったことは確かであろう。

「三」のルーズベルト政権で作られた「空気」とは、原子爆弾の使用は開発段階から決まっていて、政権が代わったあとにも、その「空気」が引き継がれたという主張である。

昭和十九年（一九四四）九月十八日に米英で締結したハイドパーク協定で、原子爆弾が開発されたら日本に使用することが決められた。また、トルーマン政権が誕生してからというもの、大統領とその周辺で、日本に原子爆弾を投下することの可否を検討した痕跡がない。トルーマン大統領が前代からの「空気」を引きずったか、もしくは、前代からの「空気」を日本に原子爆弾を使用するための言い訳として用いたかは定かではない。

原子爆弾は、開発が完成したら自動的に実戦使用するという前提があり、トルーマンが大統領になろうとも、その意識に変化はなかったようである。もしここで問題としているような「空気」がなければ、トルーマン指導部は原爆投下の是非をめぐり本格的な討議をしたはずであるから、「空気」の問題は確実に原爆投下の原因の一翼を担っていたと思われる。

次に「四」の「人道精神の欠如」については、人道主義に極めて熱心で、もっとも模範的な国際法の担い手だったアメリカが、大戦のどこかの時点から、徐々に自ら非人道的な行ないをするように変化し、大戦終盤には東京大空襲、広島と長崎への原爆投下など、何の躊躇もなく、大規模に民間人を虐殺するようになった。

昭和十二年（一九三七）七月から始まる支那事変で、日本の戦闘機が重慶を爆撃した際に民間人から死者が出ると、アメリカ政府は次のように表明した。

平和的な仕事に従事する多くの人々が居住する広範囲な地域を全般的に爆撃することはどのようなものであれ、法律と人道の諸原則に反し、許されないものである。

（『ハル回顧録』）

また、一九三五年のイタリア軍機によるエチオピア空爆、スペイン内戦におけるゲルニカ空爆などのたびに、アメリカは市街地を空爆することに対して非難声明を発してきた。しかも昭和十八年（一九四三）六月、ルーズベルト大統領は、アメリカが枢軸国に対して生物化学兵器を先制使用する意思のないことを表明していた。

ところが、これが変化するのは先の大戦中だった。ドイツ軍がロンドンを空爆すると、その報復として米英軍がハンブルグ、ドレスデンなどへの空爆で市街地への無差別爆撃を実行するようになり、その姿勢は、東京大空襲をはじめとする日本中の都市空爆に発展することになる。このように無差別爆撃が常態化することで、アメリカの国家指導者たちの人道的価値観は急速に低下し、無差別爆撃を行なうことが普通になってしまったようだ。

このことは、トルーマンの「獣に対処するには相手を獣として扱うしかない」という言葉に見出すことができるのではないか。アメリカが人道的価値観を失ったことは、一つの重要な原因であろう。

そして「五」の「人種差別意識」についても指摘がされてきた。先述の「獣として扱うしかない」という言葉からも、大統領は日本を「獣」と見ていたことが推察されるが、現在でもアメリカには黒人はもとより、黄色人種に対する根強い差別意識があるのであるから、当時の大統領が日本人に差別意識を持っていたというのはむしろ当たり前のことで、不思議ではない。ただし、それが原子爆弾を使用することへの積極的な理由になったことを示す資料は見受けられない。もし原因性を見出そうとするなら、原爆投下にあたり、大統領の背中を少し押すくらいの影響はあったかもしれない、という程度ではなかろうか。

したがって、アメリカの国家指導者たちが原子爆弾を投下した主たる目的は、「一」の「ソ連に対して優位な立場に立つため」という政治的理由だったと結論づけることができる。

また同時に「三」の「ルーズベルト政権で作られた『空気』」と「四」の「人道精神の欠如」は、原爆投下に確実に影響を及ぼしていると認められ、原爆投下の主要な原因であると結論づけられよう。このように、複数の目的や原因が複合的に重なった結果、広島と長崎に原子爆弾が投下されることになったと思われる。

アメリカは人体実験疑惑を拭えるのか?

ところで、原爆投下の目的を検討するうえで、あえて一つ外した項目があった。それは、アメリカが原子爆弾を使用した目的は、実は「人体実験」だったのではないかという主張である。この主張は日本では盛んにされてきたが、アメリカではあまり指摘されてこなかった。

仮に原爆投下が戦争を早期に終結させ、一〇〇万人のアメリカ兵の命を救ったという「早期終戦・人命節約論」の立場ならば、広島への原爆投下の正当性は主張できるかもしれない。しかしそうだとしても、二個目の長崎への原爆投下の正当性を主張することはできるであろうか。

長崎への原爆投下は、先ほど検討した「ソ連に対して優位な立場に立つため」「マンハッタン計画費用を正当化するため」という政治的目的では、まったく説明がつかない。また先述のとおり、アメリカの首脳は、一個の原子爆弾で日本を降伏させられると信じていたのであって、二個で必要十分であるとの検証は行なわれていない。仮に二個で必要十分なら、軍事的には必ず予備を用意するはずであるから、二個で不十分だった時に備えて、三個目を用意していなければおかしい。

アメリカのバートン・バーンスタイン教授は「一発目の原爆投下の必要性をどのように考えるかはともかく、八月九日に長崎に落とされた二発目の原爆は、ほぼ間違いなく不必要なものだった」という（「検証・原爆投下決定までの三百日」『中央公論』一九九五年二月号、四一一ページ）。

長崎への原爆投下に、大統領がどのように関与していたかは不明だが、昭和二十年（一九四五）七月二十五日の原爆投下指令は、二個の原子爆弾を順次投下することを指示していたことから、広島と長崎は一体となっていたことがわかる。つまり、原子爆弾は二個で一体と考えられていたのだ。そして、広島に投下されたのはウラニウム爆弾で、長崎に投下されたのはプルトニウム爆弾であるから、二種類の原子爆弾の効果の違いを知るために（しかも、せっかく二種類開発したのであるから）、二カ所に投下したのではないかと主張されてきた。それを日本人の一部は皮肉を込めて「原爆投下は人体実験だった」と言っているのである。

人体実験だとする代表的な根拠は次の点である。①ウラニウム爆弾とプルトニウム爆弾の二種類の原子爆弾の効果を測定しようとした、②原子爆弾の効果がもっとも発揮できる都市を投下目標とした、③投下目標とされた都市はその後、空爆が禁止された、④原子爆弾の効果測定のために天候観測機と写真撮影機を同時に飛ばした、⑤広島も長崎も軍事施設ではなく市街地が投下目標とされた、⑥設置したＡＢＣＣ（原爆傷害調査委員会）は治療に名を借りた実験データの収集を行ない、その後の核開発のために利用したが、日本の医療機関にはデータを提供しなかった、⑦ＡＢＣＣは被曝者を調査しただけで治療はしなかった、などである。

無論、人体実験が主たる目的ではなかったであろう。「どうせ原子爆弾を使うなら、せっかくだからしっかりとデータを取っておこう」ということだとは思うが、それにしても、あまりに用意周到ではないか。もし原爆投下に、かすかにでも人体実験目的が含まれていたなら、「原爆神話」など根底から覆る。

本書では人体実験説について、これ以上踏み込んだ考察はしないが、目標の設定の仕方や、戦後の被曝地でアメリカが行なったことを鑑みると、人体実験説を否定するのは容易ではないと思われる。今後の議論のきっかけになれば幸いである。

終章　日米が真の友好関係を構築するために

実は苦悩に苛まれていたトルーマン

トルーマン大統領は日本との戦争を終わらせる過程で、考えられるもっとも強硬な路線を突き進んだ。トルーマンは戦後、原爆投下は瞬時に決めたことで、何ら悩むこともなく、何の良心の呵責もなく、むしろ一〇〇万人のアメリカ兵の命を救った素晴らしい行為だったと繰り返し述べてきた。

原爆投下が成功したという報せは、大統領を大喜びさせたようである。そこには、原子爆弾で焼き殺された罪のない民間人のことを慮《おもんぱか》る様子は微塵もない。とにかく原子爆弾を投下することを最優先にしてきたのであるから当然といえば当然だが、それにしてもその姿は、日本の天皇とは隔絶の感がある。

日露戦争の旅順攻囲戦で、明治天皇は乃木希典《のぎまれすけ》大将に、敵将のステッセル将軍は祖国のため力を尽くした武人であると讃え、その名誉を傷つけることがないようにと命ぜられた。乃木大将はその聖旨《せいし》を奉じ、ロシア軍が降伏したあとの水師営《すいしえい》の会見にあたり、ステッセル将軍以下に、軍装の着用のみならず、勲章をつけ、帯剣することも認めたというのは有名な話である。丸腰で敵前に出ることが、武人にとっていかに屈辱的であるかを乃木は知っていた。本来、負け戦の将が、帯剣で停戦協議に出席するなど、あり得ないことである。また、戦争後に職を失ったステッセル将軍に、乃木は長いあいだ仕送りをしたと伝えられている。日露戦争の華々しい戦果が伝えられても、明治天皇は一度も憂慮の厳しい表情を崩したことはなかったという。その戦果の影には、双方で夥しい犠牲が出ていることを一時もお忘れになることがなかったように拝察される。

日本の天皇とアメリカの大統領を一元的に比較することはできないが、根本的に何か大きなものが異なることは、指摘しておきたい。

では、トルーマン大統領は本当に日本に原子爆弾を投下したことについて、悩んだり後悔したりしたことがなかったのであろうか。トルーマンは、表向きは弱さを出すことがなかったが、丹念に資料を眺めていくと、時折、その弱さを垣間見ることができる。

長崎に原子爆弾が投下された翌八月十日の閣議で、トルーマン大統領は、大統領の明確な承認なしに、これ以上原子爆弾を投下してはならないという命令を出す。同席したヘンリー・ウォーレス商務長官が記すところによると、この時トルーマン大統領は「さらに一〇万もの人々を全滅させるという考えは恐ろし過ぎる。こんな子供たちをみな殺戮することなど考えたくもない」と語ったという（John M. Blum, The Price of Vision: The Diary of Henry A. Wallace 1942-

1946, Houghton Mifflin Co., 1973, p.474.)。

これまで紹介してきた、大戦後のトルーマン大統領の強気な態度は、一所懸命自分を弁明しているように見えるのは私だけではないだろう。「早期終戦・人命節約論」をしきりに宣伝したのもその一環だったように思う。原爆投下は瞬時に決めたと言ってのけ、指をパチンと鳴らす仕草をしたというのも、そのような角度から見ると、哀れに思えてくる。

大戦終結にあたり、大統領の側近たちは、できるだけ早い時期に無条件降伏を変更して、日本が受け入れ可能な声明を出すべきであると繰り返し勧告した。しかし、大統領は唯一反対意見を述べたバーンズ国務長官の意見を取り入れ、他の高官たちの意見を全て退けた。そして、原爆投下という重大な決断をしたのである。投下命令書に大統領の署名がないことも、もしかしたら大統領の恐怖心の表れだったかもしれない。表面には見せなかったが、あるいはトルーマンの後半生は、悩みと後悔の日々だったのではないか。

晩年のトルーマンを病院に見舞った元司法長官のトム・クラークの回想によると、医師は五分の面会許可を出したが、トルーマンがクラークを離さず、結局、四十五分も病室で話し込んだという。この時のトルーマンは衰弱した様子はなく、頭も冴えていたようで、大統領との会話はポーカーから原子爆弾にまで及んだらしい。ただし、原子爆弾を投下したことを必死に弁解していたというのだ（"Oral History Interview with Tom C. Clark", October 17, 1972, pp. 88-89, Oral History Collection, HSTL.）。

トルーマンは苦悩していた。その苦悩を現代アメリカ人が知るようになれば、日米関係は新たな段階に入ると思う。日本人とアメリカ人は壮絶な戦争をしたが、その後は高度な同盟関係を結び、その結束はますます強固となって今に至る。これを人類の英知と言わずして、何を英知と呼ぼう。

アメリカが気づくべき過ち、日本が果たすべき責任

しかし、これほど強固な同盟を築きながら、日本人とアメリカ人のあいだには、かすかな隙間風が吹いていると私は感じる。喧嘩のあとの仲直りは、双方が謝って初めて成立するものだ。片方が一方的に正しく、もう片方が一方的に悪いというのでは、本当の仲直りをしたことにはならない。日本人は、大戦で世界の多くの人たちに苦しみを与えてきたと、戦後ずっと詫《わ》びてきた。だがそれとは別に、大戦末期にアメリカ軍が約一〇〇万人の民間人を殺戮したことは、慰められることなく、日本人の記憶に焼きついている。

はたしてアメリカ軍が行なった、東京をはじめとする日本中の都市を焼夷弾によって焼き

払った行為と、広島と長崎に原子爆弾を投下した行為に正当性はあるのだろうか。本書はこの問題に正面から取り組んできた。今後、日米の研究者たちがこの問題をさらに深めていくことになろうが、依然として、アメリカでは政府が「早期終戦・人命節約論」を支持していて、国民の多くは「原爆神話」を信じているため、急に価値観が変化することはないかもしれない。

しかし、あと半世紀や一世紀が経過すれば、歴史が正しく評価されるのは確実である。未来の人々は、原子爆弾が人命を救ったという主張を、疑問なく受け入れるであろうか。もし「原爆神話」を未来永劫信じさせることが可能であれば、このままでもよいかもしれない。だが反対に、いつか「原爆神話」が否定される時が来るならば、それは日本やその他の国から言われて気づくのではなく、アメリカ人が自発的に自らの過ちに気づき、それを表明したほうがよいであろう。少なくとも無差別空爆と原爆投下については、アメリカ人たちがその正当性を議論する日は、必ず訪れる。それは「いつか必ず通らなくてはいけない道」なのだ。

アメリカはこれまでいくつもの過ちを犯してきたが、アメリカ人は開拓者精神が強く、合理的かつ理性的に物事を考える力があるためか、自らがその過ちに気づき、そうした間違いを繰り返さないために、子供たちにそのことを伝えてきた。アメリカの教科書には、ネーティブ・アメリカンに対する迫害、黒人を奴隷として扱ってきたことなど、かつての暗黒の時代を直視し、それを乗り越えてきた輝かしい歴史が書かれている。大戦末期にアメリカ軍が日本の民間人を無差別に虐殺したことについても、アメリカ人たちが自らその過ちに気づいて反省し、それを繰り返さないことを誓ったとしたら、そのこと自体が誇り高い出来事としてアメリカの歴史教科書に記されるに違いない。私は、アメリカ人たちは、それができるだけの、知能と見識を持った人たちだと信じている。

その一方、日本は核兵器使用による唯一の被爆国として、アメリカのとった行動について批判する歴史的な責任がある。アメリカ人があの残虐な行為を「正義」と理解していたら、アメリカは将来、必ず同じことを繰り返すであろう。戦争というものは、正義が常に勝つとは限らない。戦勝国とて間違いを犯している可能性はある。だから、アメリカ人が戦争に勝ったことをもって正義だと思っていたら大間違いであるし、日本人も戦争に負けたからといって卑屈になってはいけない。日本にも日本なりの正義がある。それを語ることが、日本とアメリカの未来によい影響を与えると思うからこそ、あえてアメリカ人にとっては耳に痛い話題と知りつつ、問題を提起したのだ。

終戦七十年を迎えた平成二十七年に、「いつか必ず通らなくてはいけない道」をあえて駆け足で通ってみることは、世界の平和を考えるうえで何か意味があるのではないか。将来、このことが本格的に議論される時代は必ず到来する。

私は日米の友好は、世界平和の基礎であると信じている。日米は、人類共通の福利を求める共通の価値観によってつながっているだけでなく、軍事的な連携は、世界の安定に大きく寄与している。もし日米が離反したら、世界の軍事バランスは崩れ去るだろう。日米の友好が世界平和に寄与してこそ、あの不幸な戦争が、未来の人類の利益になり得るのだ。

おわりに

本書では、特にアメリカが広島と長崎に原子爆弾を投下したことに関して、アメリカの戦争責任を論じた。だが、日本とて戦時国際法に違反することもあったのであるから、本来であれば、日米の戦争犯罪を等しく論じるべきであったかもしれない。その点は「新書」という枠組みのなかで題材を絞り込む必要があり、その結果、アメリカの、しかも原爆投下という限定された問題を扱うことにした次第である。そのため、東京大空襲をはじめとする日本中の都市空爆や、アメリカから指摘される日本の戦争犯罪、そして戦後の冷戦期に核兵器が無限に増えていった問題など、諸々の重大な問題については論じることができなかった。今後の研究課題にしたいと思う。

それにしても、トルーマン大統領がソ連参戦を許してしまったのは、日本だけでなく、アメリカにとっても大打撃だったのではあるまいか。もしソ連参戦がなければ、おそらく朝鮮は分断されずに済んだであろう。中国の内戦の行方も違った結果になったかもしれず、中華人民共和国は成立していなかった可能性もある。アメリカがうまくやれば、満州国は親米国として残存できたかもしれない。それに、ベトナム戦争も防げた可能性がある。

アメリカがソ連参戦前に迅速に日本と停戦講和を結び、米軍が日本本土だけでなく、満州、台湾、朝鮮、樺太、千島列島に進駐していれば、日本にとっても、アメリカにとっても、最高の解決になったはずではなかったか。満州はもともと独立国であったし、台湾と朝鮮はアメリカの占領を経て、独立させればよかった。そうすれば、台湾と朝鮮の悲劇もなかったし、冷戦時代もあそこまでソ連が覇権を握ることもなかった。しかも満州帝国と大韓帝国が親米国として存立していたら、現在の中国の脅威にこれほど悩まされることもなかった。

アメリカは、ソ連にたった一日の借りを作り、これが大きなツケになってしまった。トルーマン大統領よりも何枚も上手《うわて》のスターリン書記長が、あそこまで必死になるはずである。トルーマン大統領とバーンズ国務長官は、とにかく日本に原子爆弾を落とすことで精一杯になってしまい、そこから先の国際情勢を見据える余裕がなかったのであろう。実際にアメリカは、朝鮮戦争とベトナム戦争で大きな苦労を抱え込み、多大な犠牲を払うことになったのであるから、気の毒である。

もちろん、未来から過去を批判するのは簡単かもしれない。しかし、トルーマン指導部は、ソ連に原爆投下を見せつければソ連に対して優位に立てると思っていたようだが、ソ連軍を南下させないことのほうが、アメリカにとってはるかに有利であったことに気づかなかったのだろうか。終戦七十年を迎えた今、そんな歴史の「もし」を考えるのも面白いものである。

とはいえ、近年の世界情勢は混沌とし、平和とは別の方向に向かっているようだ。戦争の記憶が薄れてきた今こそ、しっかり歴史を正面から見つめ、あの不幸な戦争を決して繰り返さないために、今を生きる私たちが何をなすべきか、真剣に考えなくてはいけないと思う。本書が、戦争と平和を考えるうえで、何かの役に立ったなら幸いである。

最後に、文中、英文資料を引用するにあたり、邦訳の多くを「ガー・アルペロビッツ（鈴木俊彦・岩本正恵・米山裕子訳）『原爆投下決断の内幕』（全二巻）ほるぷ出版」「長谷川毅『暗闘――スターリン、トルーマンと日本降伏』（全二巻）中央公論新社」「J・サミュエル・ウォーカー（林義勝訳）『原爆投下とトルーマン』彩流社」に依拠したことを、お断りしておく。

そして、八月十五日までの発売のため、本書の原稿を八月四日まで待ってくださり、徹夜の作業をしてくださったPHP研究所の藤岡岳哉様に感謝する。

平成二十七年八月四日

竹田恒泰

主要参考文献・引用文献

『朝日新聞』一九四五年九月十五日付「新党結成の構想（上）鳩山一郎氏／婦人参政権実現　官僚統制は絶対排撃」
『朝日新聞』（電子版）二〇一四年八月八日付「原爆犠牲者数、公式見解より少なく　米教科書の記述調査」
油井大三郎『日米戦争観の相剋――摩擦の深層心理』岩波書店、一九九五年
荒井信一『原爆投下への道』東京大学出版会、一九八五年
荒井信一『空爆の歴史――終わらない大量虐殺』（岩波新書）岩波書店、二〇〇八年
荒井信一・前田哲男・伊香俊哉・石島紀之・聶莉莉・一瀬敬一郎『重慶爆撃とは何だったのか――もうひとつの日中戦争』高文研、二〇〇九年
家村和幸『大東亜戦争と本土決戦の真実―日本陸軍はなぜ水際撃滅に帰結したのか』並木書房、二〇一五年
生井英考『空の帝国――アメリカの20世紀』講談社、二〇〇六年
石原莞爾生誕百年祭実行委員会編『永久平和への道――いま、なぜ石原莞爾か』原書房、一九八八年
エドワード・セント・ジョン（高城恭子・早川麻百合・前田啓子訳）『アメリカは有罪だった――核の脅威の下に』（全二巻）朝日新聞社、一九九五年（原著　Edward St. John, Judgment at Hiroshima : The people of The Earth Versus The President of The United States, 1993.）
ガー・アルペロビッツ（鈴木俊彦・岩本正恵・米山裕子訳）『原爆投下決断の内幕――悲劇のヒロシマ・ナガサキ』（全二巻）ほるぷ出版、一九九五年（原著　Gar Alperovits, The Decision to Use The Atomic Bomb, The Exploratory Project for Economic Alternatives, 1995.）
木戸幸一『木戸幸一日記』（全二巻）東京大学出版会、一九六六年

木戸幸一『木戸幸一日記（東京裁判期）』東京大学出版会、一九八〇年
木村朗・ピーター・カズニック『広島・長崎への原爆投下再考――日米の視点』法律文化社、二〇一〇年
栗原健・波多野澄雄編『終戦工作の記録』（全二巻）（講談社文庫）講談社、一九八六年
『現代新国語辞典（改訂第五版）』学研教育出版、二〇一二年
憲法調査会事務局『憲法制定の経過に関する小委員会報告書』大蔵省印刷局、一九六一年
コーデル・ハル（宮地健次郎訳）『ハル回顧録（改版）』（中公文庫）中央公論新社、二〇一四年
斉藤道雄『原爆神話の五〇年――すれ違う日本とアメリカ』（中公新書）中央公論社、一九九五年
迫水久常『機関銃下の首相官邸――二・二六事件から終戦まで（新版）』恒文社、一九八二年
佐藤尚武『回顧八十年』時事通信社、一九六三年
下村海南『終戦記（再版）』鎌倉文庫、一九四八年
『終戦史録』（全六巻）（外務省編）北洋社、一九七七～一九七八年
『詳説日本史』〔高等学校地理歴史科用、日本史B〕山川出版社、平成二十四年文部科学省検定済（日B三〇二）、二〇一三年
『昭和天皇実録（巻三三）自昭和二十年一月至昭和二十年六月』（宮内庁編）宮内庁、二〇一四年
『昭和天皇実録（巻三四）自昭和二十年七月至昭和二十年十二月』（宮内庁編）宮内庁、二〇一四年
『昭和天皇独白録　寺崎英成・御用掛日記』文藝春秋、一九九一年
『昭和天皇発言記録集成』（全二巻）（中尾裕次編）芙蓉書房出版、二〇〇三年
ジョン・W・ダワー『容赦なき戦争――太平洋戦争における人種差別』（平凡社ライブラリー）平凡社、二〇〇一年（原著 John W. Dower, War without mercy, Pantheon Books, Random House, 1986.）
進藤榮一『戦後の原像――ヒロシマからオキナワへ』岩波書店、一九九九年

杉原高嶺・水上千之・臼杵知史・吉井淳・加藤信行・高田映『現代国際法講義（第二版）』有斐閣、一九九五年
鈴木貫太郎『鈴木貫太郎自伝』（鈴木一編）時事通信社、一九六八年
大本営陸軍部戦争指導班『大本営陸軍部戦争指導班　機密戦争日誌（新装版）』（上下巻）（軍事史学会編）錦正社、二〇〇八年
高木清寿『東亜の父　石原莞爾』たまいらぼ、一九八五年
高橋史朗『歴史の喪失――日本人は自らの歴史教育を取り戻せるのか』総合法令出版、一九九七年
高橋博子『封印されたヒロシマ・ナガサキ――米核実験と民間防衛計画』凱風社、二〇〇八年
田中利幸『空の戦争史』（講談社現代新書）講談社、二〇〇八年
チャールズ・ベルリッツ（中村保男訳）『ベルリッツの世界言葉百科』（新潮選書）新潮社、一九八三年
『東京裁判資料　木戸幸一尋問調書』（粟屋憲太郎ほか編　岡田信弘訳）大月書店、一九八七年
『東京新聞』二〇一四年八月十四日付「終戦1年3カ月前『対中終結を』重光外相、ソ連仲介構想　第二次大戦中新史料112通で判明」
東京地判昭和三八・一二・七下民集一四巻一二号二四三五ページ
『ドキュメント東京大空襲――発掘された五八三枚の未公開写真を追う』（ＮＨＫスペシャル取材班）新潮社、二〇一二年
徳川義寛『徳川義寛終戦日記』（御厨貴、岩井克己監修）朝日新聞社、一九九九年
土門周平・末国正雄・和田盛哉・齋藤譲・高橋一雄・原剛『本土決戦――幻の防衛作戦と米軍侵攻計画』（光人社ＮＦ文庫）光人社、二〇〇一年
鳥居民『原爆を投下するまで日本を降伏させるな――トルーマンとバーンズの陰謀』草思社、二〇〇五年
仲晃『黙殺――ポツダム宣言の真実と日本の運命』（全二巻）（ＮＨＫブックス）日本放送出版協会、二〇〇〇年

中沢志保『ヘンリー・スティムソンと「アメリカの世紀」』国書刊行会、二〇一四年
西岡達裕『アメリカ外交と核軍備競争の起源　一九四二〜一九四六』彩流社、一九九九年
西島有厚『原爆はなぜ投下されたか―日本降伏をめぐる戦略と外交（新装版）』青木書店、一九八五年
『日本史B』（高等学校地理歴史科用、日本史B）東京書籍、平成十五年文部科学省検定済〔日B〇〇四〕、二〇一一年
『敗戦の記録（普及版）』（参謀本部蔵）原書房、二〇〇五年
長谷川毅『暗闘―スターリン、トルーマンと日本降伏』（全二巻）（中公文庫）中央公論新社、二〇一一年
バートン・バーンスタイン「検証・原爆投下決定までの三百日」『中央公論』一九九五年二月号、四一一ページ
ハーバート・ファイス（佐藤栄一・山本武彦・黒柳米司・広瀬順晧・伊藤一彦訳）『原爆と第二次世界大戦の終結』南窓社、一九七四年（原著　Herbert Feis, The Atomic Bomb and the End of World War II, Princeton University Press, 1966.）
早瀬利之『石原莞爾　マッカーサーが一番恐れた日本人』（双葉新書）双葉社、二〇一三年
ハリー・S・トルーマン（堀江芳孝訳）『トルーマン回顧録』（全二巻）恒文社、一九九二年（原著　Harry S. Truman, Memoirs by Harry S. Truman : Year of Decisions, Doubleday and Company, 1955.）
日高義樹『なぜアメリカは日本に二発の原爆を落としたのか』ＰＨＰ研究所、二〇一二年
藤田尚徳『侍従長の回想』講談社、一九六一年
藤田久一『戦争犯罪とは何か』（岩波新書）岩波書店、一九九五年
『原爆投下の経緯――ウェンドーヴァーから広島・長崎まで 米軍資料』（奥住喜重・工藤洋三訳）東方出版、一九九六年
細谷千博・入江昭・後藤乾一・波多野澄雄編『太平洋戦争の終結―アジア・太平洋の戦後形成』柏書房、一九九七年

九九七年
マーティン・ハーウィット（山岡清二・渡会和子・原純夫訳）『拒絶された原爆展——歴史のなかの「エノラ・ゲイ」』みすず書房、一九九七年（原著　Martin Harwit, An exhibit denied : lobbying the history of Enola Gay, Copernics, 1996.）
マーティン・J・シャーウィン（加藤幹雄訳）『破滅への道程——原爆と第二次世界大戦』TBSブリタニカ、一九七八年（原著　Martin J. Sherwin, A World destroyed : the atomic bomb and the Grand Alliance, Alfred A. Knopf Inc., 1975.）
モニカ・ブラウ（繁沢敦子訳）『検閲——原爆報道はどう禁じられたのか（新版）』時事通信社、二〇一一年（原著　Monica Braw, The atomic bombs suppressed : American censorship in occupied Japan, M. E. Sharpe, Inc., 1991.）
山田克哉『原子爆弾——その理論と歴史』（ブルーバックス）講談社、一九九六年
吉田敏浩『反空爆の思想』（NHKブックス）日本放送出版協会、二〇〇六年
ロナルド・シェイファー（深田民生訳）『アメリカの日本空襲にモラルはあったか——戦略爆撃の道義的問題』草思社、一九九六年（原著　Ronald Schaffer, Wings of judgment : American bombing in World War II, Oxford University Press, 1985.）
渡邉稔『アメリカの歴史教科書が描く「戦争と原爆投下」——覇権国家の「国家戦略」教育』明成社、二〇〇七年
A・C・グレイリング（鈴木主税・浅岡政子訳）『大空襲と原爆は本当に必要だったのか』河出書房新社、二〇〇七年（原著　A. C. Grayling, Among the dead cities : was the Allied bombing of civilians in WW II a necessity or a crime?, 2006.）
J・サミュエル・ウォーカー（林義勝訳）『原爆投下とトルーマン』彩流社、二〇〇八年（原著　J. Samuel

Walker, prompt and utter destruction : Truman and the use of atomic bombs against Japan, University of North Carolina Press, 2004.)
R・J・リフトン、G・ミッチェル（大塚隆訳）『アメリカの中のヒロシマ』（上下巻）岩波書店、一九九五年（原著　Robert J. Lifton, Greg Mitchell, Hiroshima in America : fifty years of denisl, G. P. Putnam's Sons, 1995.）

American Odyssey, Glencore McGraw-Hill, 2002.
"Answer to Japan" Booklet, pp. 22-23, Box 2, Lilly Papers, JCS Historical Office, RG218, NA.
Barton J. Bernstein, "A postwar Myth", 38-40. John Ray Skates, The Invasion of Japan: Alternative to the Bomb (Columbia: University of South Carolina Press, 1994.)
Barton J. Bernstein, The Atomic Bombings Reconsidered, Foreign Affairs 74, 1995.
Bonner Fellers, "Hirohito's Struggle to Surrender", Reader's Digest July 1947, pp. 90-95.
Cordell Hull, The Memoirs of Cordell Hull, vol. 2, pp. 1593-1594.
Department of State, Foreign Relations of the United States: Diplomatic Papers: The Conference of Berlin (The Potsdam Conference) 1945, 2 vols. 1960.
Enclosure "A", Report by the Joint Strategic Survey Committee, Military Aspects of Unconditional Surrender Formula for Japan, reference: JCS 1275 Series, Records of OSW, Stimson Safe File, RG 107, NA.
Eugene L. Meyer, "Dropping the Bomb", Washington Post, July 21, 1994, p. C2.
H. A. Craig's Memorandum for General Handy, 13 July 1945, Records of OSW, Stimson Safe File, RG 108, NA.
Harry S. Truman to James L. Cate, January 12, 1953, Atomic Bomb, Box 112, PSF, HSTL.
History of a Free Nation, Glencoe-Mcgraw Hill, 1994.

James L. Cate to Harry S. Truman, December 6, 1952, Atomic Bomb, Box 112, PSF, HSTL.
JCS Info Memo 390, "Unconditional Surrender of Japan", April 29, 1945, "ABC 387 Japan (15 Feb. 1945), Sec. 1-A"
JCS to the President, July 18, 1945, FRUS: Potsdam, vol. 2, p. 1269. OPD, Exec. File 17, Item 21a, Box 99, RG 165, NA.
JCS 924/5, "Pacific Strategy", April 25, 1945, "ABC 384 Pacific (1-17-43), Sec. 9", Entry 421, RG 165, NA.
John M. Blum, Price of Vision: The Diary of Henry A. Wallace, Houghton Mifflin Co., 1973.
John Toland, The Rising Sun : The Decline and Fall of the Japanese Empire 1936-1945 (New York : Random House), 766n.
Joseph C. Grew, Turbulent Era: A Diplomatic Record of Forty Years 1904-1945, Vol 2, 1952.
MAGIC, No. 869, August 11, 1944, RG457, NA.
MAGIC, No.1163, June 1, 1945, RG457, NA.
MAGIC, No.1205, July 13, 1945, RG 457, NA.
MAGIC, No. 1225, August 2, 1945, RG 457, NA.
MAGIC, No. 1226, August 3, 1945, RG 457, NA.
Memorandum for Chief, Strategic Policy Section, S&P Group, OPD, Subject: Use of Atomic Bomb on Japan, April 30, 1946, Atom (17 August, 1945) Sec. 7.
"Minutes of Meeting Held at the White House on 18 June 1945", in The Decision to Drop the Atomic Bomb, vol. 1 of Documentary History of the Truman Presidency, 1995, pp. 49-93.
Notes of Meeting of the Interim Committee, June 1, 1945, Miscellaneous Historical Documents Collection.
"Oral History Interview with Tom C. Clark", October 17, 1972, pp. 88-89, Oral History Collection, HSTL.
Stimson Diary, July 17, 1945.
Stimson Notes for His Diary, July 21, 1945, in Manhattan Project, ed. pp. 203-204.

Stimson, "The Decision to Use the Atomic Bomb", Harper's Magazine 194 (February, 1947): 97-107.
The American Journey, Pearson Prentice Hall, 2002.
The American Nation, Pearson Prentice Hall, 2002.
The United States and Its People, Addison Wesley, 1993.
Thomas T. Handy to Carl Spaatz, July 25, 1945, copy attached to James L. Cate to Harry S. Truman, December 6, 1952. Atomic Bomb, Box 112, PSF, HSTL. Caven and Cate, The Army Air Forces in World War 2, Vol. 5, opposite p. 697.
Tom Webb, "Grisly display for famed Enola Gay bomber angers vets", Knight-Ridder.
Tribune News Service, Wilmington Morning Star, May 7, 1994.
Truman, Dear Bess: The Letters from Harry to Bess Truman, 1910-1959 (New York, 1983), P. 519.
Truman, Off the Record, ed. Robert H. Ferrell, 1980.
Truman, Year of Decisions, 1986.
United States Department of State, Foreign Relations of the United States: Diplomatic Papers, 1944, Vol. V.
United States Strategic Bombing Survey, Summary Report (Pacific War), July 1, 1946.
Unsigned editorial. "War and the Smithsonian", Wall Street Journal, Review and Outlook section, August 29, 1994, p. A10.
Wayne Phillips, "Truman Disputes Eisenhower on'48", New York Times, February 3, 1958.
WB's Book, August 3, 1945, Folder 602, Byrnes Papers, CUL.
William D. Leahy, I was There, 1963.
World War II Pacific, Walter A. Hazen, Frank Schaffer Publications, 2000.
WSC, Note to the War Cabinet, Quoted in John Ehrman, Grand Strategy, vol. 6, London: Her Majesty's Stationary Office, 1956.

本書は月刊誌『Voice』の連載「アメリカの戦争責任」を書籍化にあたり、大幅に加筆・再構成してまとめたものである。

PHP新書
PHP INTERFACE
https://www.php.co.jp/

竹田恒泰［たけだ・つねやす］

作家。昭和50年（1975）、旧皇族・竹田家に生まれる。明治天皇の玄孫に当たる。慶應義塾大学法学部法律学科卒業。専門は憲法学・史学。皇學館大学現代日本社会学部で「日本国家論」「現代人権論」の授業を受け持つ。平成18年（2006）、『語られなかった皇族たちの真実』（小学館）で第15回山本七平賞を受賞。著書はほかに『日本はなぜ世界でいちばん人気があるのか』『日本人はなぜ日本のことを知らないのか』『日本人はいつ日本が好きになったのか』（以上、PHP新書）など多数。

アメリカの戦争責任

戦後最大のタブーに挑む

PHP新書1000

二〇一五年九月一日　第一版第一刷
二〇二五年九月五日　第一版第十二刷

著者――竹田恒泰
発行者――永田貴之
発行所――株式会社PHP研究所
東京本部――〒135-8137 江東区豊洲5-6-52
ビジネス・教養出版部 ☎03-3520-9615（編集）
普及部 ☎03-3520-9630（販売）
京都本部――〒601-8411 京都市南区西九条北ノ内町11
組版――有限会社エヴリ・シンク
装幀者――芦澤泰偉＋児崎雅淑
印刷所
製本所――大日本印刷株式会社

ISBN978-4-569-82664-6

PHP新書刊行にあたって

「繁栄を通じて平和と幸福を」(PEACE and HAPPINESS through PROSPERITY)の願いのもと、PHP研究所が創設されて今年で五十周年を迎えます。その歩みは、日本人が先の戦争を乗り越え、並々ならぬ努力を続けて、今日の繁栄を築き上げてきた軌跡に重なります。

しかし、平和で豊かな生活を手にした現在、多くの日本人は、自分が何のために生きているのか、どのように生きていきたいのかを、見失いつつあるように思われます。そして、その間にも、日本国内や世界のみならず地球規模での大きな変化が日々生起し、解決すべき問題となって私たちのもとに押し寄せてきます。

このような時代に人生の確かな価値を見出し、生きる喜びに満ちあふれた社会を実現するために、いま何が求められているのでしょうか。それは、先達が培ってきた知恵を紡ぎ直すこと、その上で自分たち一人一人がおかれた現実と進むべき未来について丹念に考えていくこと以外にはありません。

その営みは、単なる知識に終わらない深い思索へ、そしてよく生きるための哲学への旅でもあります。弊所が創設五十周年を迎えましたのを機に、PHP新書を創刊し、この新たな旅を読者と共に歩んでいきたいと思っています。多くの読者の共感と支援を心よりお願いいたします。

一九九六年十月

PHP研究所